Zhongguo Wenhua
Zhishi Duben

中国文化知识读本

怒 族

主编 金开诚

编著 陆 薇

吉林出版集团有限责任公司

吉林文史出版社

图书在版编目（CIP）数据

怒族 / 陆薇编著 . —长春：吉林出版集团有限责
任公司：吉林文史出版社，2010.4（2022.1 重印）
（中国文化知识读本）
ISBN 978-7-5463-2915-4

Ⅰ.①怒… Ⅱ.①陆… Ⅲ.①怒族－民族文化－中国
Ⅳ.① K286.3

中国版本图书馆 CIP 数据核字（2010）第 073032 号

怒　族

NU ZU

主编/ 金开诚　　编著/陆薇

项目负责/崔博华 责任编辑/曹恒 于涉

责任校对/钟 杉 装帧设计/曹恒

出版发行/吉林文史出版社　吉林出版集团有限责任公司

地址/长春市人民大街4646号　邮编/130021

电话/0431-86037503　传真/0431-86037589

印刷 / 三河市金兆印刷装订有限公司

版次 /2010 年 4 月第 1 版　2022 年 1 月第 3 次印刷

开本 / 650mm×960mm　1/16

印张/8 字数/30千

书号/ISBN 978-7-5463-2915-4

定价/34.80元

关于《中国文化知识读本》

　　文化是一种社会现象，是人类物质文明和精神文明有机融合的产物；同时又是一种历史现象，是社会的历史沉积。当今世界，随着经济全球化进程的加快，人们也越来越重视本民族的文化。我们只有加强对本民族文化的继承和创新，才能更好地弘扬民族精神，增强民族凝聚力。历史经验告诉我们，任何一个民族要想屹立于世界民族之林，必须具有自尊、自信、自强的民族意识。文化是维系一个民族生存和发展的强大动力。一个民族的存在依赖文化，文化的解体就是一个民族的消亡。

　　随着我国综合国力的日益强大，广大民众对重塑民族自尊心和自豪感的愿望日益迫切。作为民族大家庭中的一员，将源远流长、博大精深的中国文化继承并传播给广大群众，特别是青年一代，是我们出版人义不容辞的责任。

　　《中国文化知识读本》是由吉林出版集团有限责任公司和吉林文史出版社组织国内知名专家学者编写的一套旨在传播中华五千年优秀传统文化，提高全民文化修养的大型知识读本。该书在深入挖掘和整理中华优秀传统文化成果的同时，结合社会发展，注入了时代精神。书中优美生动的文字、简明通俗的语言、图文并茂的形式，把中国文化中的物态文化、制度文化、行为文化、精神文化等知识要点全面展示给读者。点点滴滴的文化知识仿佛繁星，组成了灿烂辉煌的中国文化的天穹。

　　希望本书能为弘扬中华五千年优秀传统文化、增强各民族团结、构建社会主义和谐社会尽一份绵薄之力，也坚信我们的中华民族一定能够早日实现伟大复兴！

目录

一 与江同名的勇敢民族 001

二 独具特色的怒家美食 015

三 衣住行尽显淳朴民风 029

四 传承历史的风俗节日 047

五 独特的婚丧习俗与民间禁忌 073

六 原始生态下的怒文化 093

一 与江同名的勇敢民族

怒江发源于西藏唐古拉山，奔腾于高黎贡山和碧罗雪山之间。两岸山岭海拔均在3000米以上，最高点为1400米，最低为760米，因它落差大，水急滩高，有"一滩接一滩，一滩高十丈"的说法，十分壮观。

怒江两岸多危崖，山势陡峭，形成了一条山高、谷深、奇峰秀岭的巨大峡谷，这就是有名的怒江大峡谷。峡谷中生长着很多种珍稀动植物，据中国科学院昆明动植物所1978年对碧江野生动植物的鉴定，查明动物种类有数百种，其中仅被保护动物中的兽类就达78种，重点保护的有27种。有羚牛、马麝、云豹、印支虎、猕猴、熊猴、戴帽叶猴等；大青树、大树杜鹃、楠木、松杉甚至

怒江大峡谷

怒族

怒江水养育了怒族儿女

还有亿万年前遗存的"活化石"树蕨。作为"药材王国"桂冠上的一颗明珠,这里生长着许多名贵的药材。1949年以来怒江已采用和栽培的药用植物就达一百多种。

大峡谷两山夹一江,高山深谷,海拔相差很大,峡谷东侧的碧罗雪山(又称怒山),海拔4000多米,西侧的高黎贡山,海拔5000多米,峡谷底部的最宽处仅20公里,而垂直落差则有2000—3000米。峡谷内由于受印度洋西南季风气候的影响,形成了一山分四季、十里不同天的立体垂直气候:河谷茂林葱绿,气候炎热犹如夏天;山坡上花俏草黄,既像春天又好似秋

与江同名的勇敢民族

碧罗雪山山顶云雾缭绕

怒江沿岸

季；峰顶是冰雪世界，一派隆冬景象。

　　在怒江大峡谷中怒族是最为古老的土著。根据元代地理志书记载"蛮名怒江"，"蛮"是古代对西南少数民族的统称，怒江的"怒"是少数民族语，是怒族的自称，江名自是因怒族而得。按古人的地理观念，江流从怒族地方而来，冠之以族称，也顺乎常理。以后，由"怒江"一名演化而来的地名也很

怒族

奔腾不息的怒江

多，如称碧罗雪山为"怒山"，称怒江为"怒水"，称大峡谷为"怒山怒水""怒地""怒地方"等等，所指的都是怒族居住的地方。像这样以一个民族的名称而命名的江，在全世界都是十分罕见的。而怒江水那奔腾不息的形象，正好是怒族人民自强不息，不断奋进的真实写照。

怒族大多居住在两山海拔 1500-2000

怒江两岸多危崖，山势
陡峭

米处的山腰台地上。因为他们的生存环境十分恶劣，怒族一般以血缘为单位组成一定的聚居村落。因地处森林，他们拥有的土地资源十分贫乏，以血缘为单位聚居，很容易产生凝聚力，对共同克服困难有着十分重要的作用。怒族村落规模大的一般有 150 户左右，中等的村落大概有四五十户，小者不足 10 户。此外，由于特殊的地理环境，单家独户自成村落的也占有一定的比例。

怒族主要信奉原始宗教，认为万物有灵，举凡风、雨、日、月、星、辰、山、林、树、石等都是崇拜的对象。怒族自然崇拜有鬼灵和神灵两类。福贡一带信奉的鬼灵是氏族鬼灵、自然鬼灵、灾疾鬼灵等三十余种；贡山怒族信奉的鬼灵有山鬼、水鬼、路鬼等十余种，神灵则有山神、树神、猎神、水神、庄稼神等十余种。怒族自然崇拜的祭祀仪式主要被称为由"尼玛"或"尼玛认"的祭司即巫师完成，他们是怒族社会中有知识的人。与藏族相邻的贡山北部的怒族，由于受红教喇嘛寺的影响，许多人信奉喇嘛教。

怒族的族源极为复杂，从民间传说及相关文献资料来看，怒族有至少两种不同的来源：其中一部分来自古代的庐鹿蛮（彝族先民），元代文献称他们和今西昌、昭通一带的彝族为"庐鹿蛮"。原碧江县（现已一半划归福贡县，一半划归泸水县）的怒族自称"怒苏"，和今日大小凉山彝族自称"诺苏"音义相同；其二福贡、贡山的怒族则可能来自怒江北部贡山一带，自称"阿龙"或"龙"的古老族群。

怒族虽然来源不同，但他们都是怒江流域最早的土著居民，由于共同居住在一个区域内，经济文化互相往来、互相通婚、互相融合，已逐步形成了一个民族，即今怒族。怒族所居住的怒江和澜沧江两岸，由于元以前的历代封建王朝对该地区的统治不甚深入，而在史料上难于见到对怒族

怒江大峡谷风光

与江同名的勇敢民族

雪山脚下水草丰美、牛羊成群

及其分布地区的明确记载。到了明代初年才在钱古训、李思聪的《百夷传》中首次见到最早的有关记载。

怒语属汉藏语系藏缅语族，民族支系的不同使各支系的语言特点不同，其中阿龙语与独龙语相通，另外三个支系的语言具有自己的特殊结构和规律，各个支系之间语言不相通，但因其同属一个语族，因此具有同语族的基本特点。在与邻近民族的交往中，不少怒族人已转而使用别的民族的语言，使用本民族本支系语言的人很少，很多人兼通好几种别的民族语言。如阿侬支系的人几乎全部转用傈僳语，在剩下的使用阿侬语的人中，也都懂傈僳语，仅在家中使用本民族本支系语言，怒族各支系语言都没有文字。

怒族地区在唐代属南诏统治，宋代属大理管辖，元代属丽江路，明、清时期属丽江府，除受丽江纳西族木氏土司所属维西康普土千总和叶枝土千总统治外，还受察瓦龙藏族土千总和喇嘛寺及兰坪菟峨白族罗姓土司的统治。

怒族社会发展的进程，与傈僳族、独龙族等民族有着密不可分的联系。大约16世纪中叶，因不堪忍受纳西族木氏土司的奴役和战争的威胁，大批傈僳族在头人括

怒江两岸的怒族村寨

怒江下游水势平缓，两
岸有稻田、人家

怒族

木必帕的率领下，陆续迁入怒江地区。

　　较为先进的傈僳族进入怒江与怒族杂居在一起，对该地区及怒族的社会经济发展又是个较大的促进，对其政治、经济、文化等方面都产生了很大的影响。一方面外来人口的介入逐渐改变了怒族原来较为封闭的落后状态，并促使其与外界进行日益密切的交往。通过交流，怒族人也学会了使用比原来先进的铜斧以及铁制工具，农业生产及手工编织品的交换也较以前有所发展；另一方面，由于傈僳族较为先进的生产方式和各种冲突的影响，促使怒族的氏族公社不断分化为家族公社，进而使个体家族成为了怒族社会主要的经济单位，从而极大地推动了怒族社会的发展。在与傈僳族长期的杂居共处中，受其深刻影响，怒族不论在物质生活，还是精神文化等方面，都与傈僳族有许多共同之处。

　　怒族与独龙族之间的关系历来都非常紧密，这可以从两族的语言、传说故事、迁徙历史、生产生活习惯等方面看出二者之间存在着千丝万缕的联系。尤其是贡山境内的自称"阿怒"的怒族更是如此，直到今天，彼此之间仍追溯着共同的血缘族

汹涌的怒江水如一条白丝带在峡谷间蜿蜒而过

与江同名的勇敢民族

夕阳下的怒族村寨

谱，保留着共同的语言。无论是怒族，还是独龙族人民，在他们的思想意识里都还一致认为双方源于同一个祖先，他们有一个相同的传说：古代芒孜洞里住着兄弟二人，相依为命，靠打柴度日。有一天，二人带着"溜索"去江的西面打猎砍柴，行至江边，哥哥为弟弟绑好溜梆，让弟弟先溜到对岸。哥哥继而准备过去，可是，正在为自己绑溜梆的时候，忽然下起了倾盆大雨，一声霹雳，把"溜索"打断了，接着，江水猛涨，顿至足下，哥哥

桥下奔涌的怒江水

和弟弟眼看不能再见面，只好隔岸痛哭一场，然后忍痛分手。从此，哥哥留在怒江，披荆斩棘，开拓怒江，繁衍子孙，即是怒族。弟弟奔向独龙江，其子孙后代就是今日的独龙族。两个民族的语言也大体相同，相互间基本上都能够听懂、通话。

历史上，怒族和独龙族都是多灾多难的民族，他们患难相恤、休戚与共，共同反对着封建土司的压迫与剥削和外来帝国主义的侵略。至于说到怒族与独龙族在日常生活中的交往，就更为频繁了。他们长期以来双方相互往来，互通有无，怒族中的一些小商贩们常常利用农闲时间，将小猪、包谷种子、酒药等日用品背运到独龙

怒族村寨

江，换回兽皮、生漆、黄连、蜂蜜等土产。有时独龙族也前往怒族地区换回自己所需要的生产及生活用品，如斧头、怒锄、耳环、针线等等。

二 独具特色的怒家美食

怒族村寨

怒族的土地类型多种多样，不同的土地出产不同种类的粮食作物，其中以包谷为最多。所以怒族的主食以包谷为主，兼食稻谷（或旱谷）、荞子、大小麦、小米、高粱等；副食品主要有猪、鸡、牛、羊、鱼及猎获的野味；蔬菜主要有青白菜、南瓜、萝卜、芋头、马铃薯、红薯、洋丝瓜、竹笋和各种豆类，还有野生菌、野生植物。佐料有辣子、葱、生姜、野花椒、蒜等；甜食主要为蜂蜜、蔗糖。水果有甜桔、柿花、黄果、桃、梨、李、芭蕉等。贡山怒族普遍喜欢吃饭菜合煮的较稠的饭粥，野味也一起煮在里边。其中，比较有代表性的有：

（一）包谷砂稀饭

包谷砂稀饭是怒族的主食之一，经过特殊加工制成。首先将晒干的包谷籽放在木碓上，加少量水冲去皮，再冲成砂，去皮后分别筛出大、中、小粒三种不同的包谷砂。大粒包谷砂用于煮稀饭，在土锅内一次放足水，加上大豆，煮两小时左右，待煮熟后再放上蔬菜或辣子，吃起来味美香甜，开胃解渴。还可以放入排骨或腊肉之类，味道会更加鲜美。中粒和小粒包谷砂一般用来煮干饭吃。煮时将包谷砂煮至八成熟后再加水，掺上大米或荞米煮上片刻将水焖干，便成了包谷砂干饭，食用时

包谷砂稀饭

独具特色的怒家美食

佐以其他蔬菜，味道十分可口。

（二）咕嘟饭

咕嘟饭一般用包谷面或荞子面制成。煮时烧开一锅水，舀出一部分留作添水用，然后将包谷面或荞子面装入锅内盖上锅盖，等水渗透包谷面时，用一根形似船桨的木片搅拌，并逐渐加一点开水，使饭软硬适度，再加盖焖一会儿，片刻之后，再搅拌，再焖，反复几次，便成了喷香可口的"咕嘟饭"。舀出来盛在圆形的小篾箩里，一家人用筷子挑着吃，芳香可口，有年糕味。这种饭在烹饪过程中一直有"咕嘟"响声，故称为"咕嘟饭"。

怒族美食咕嘟饭

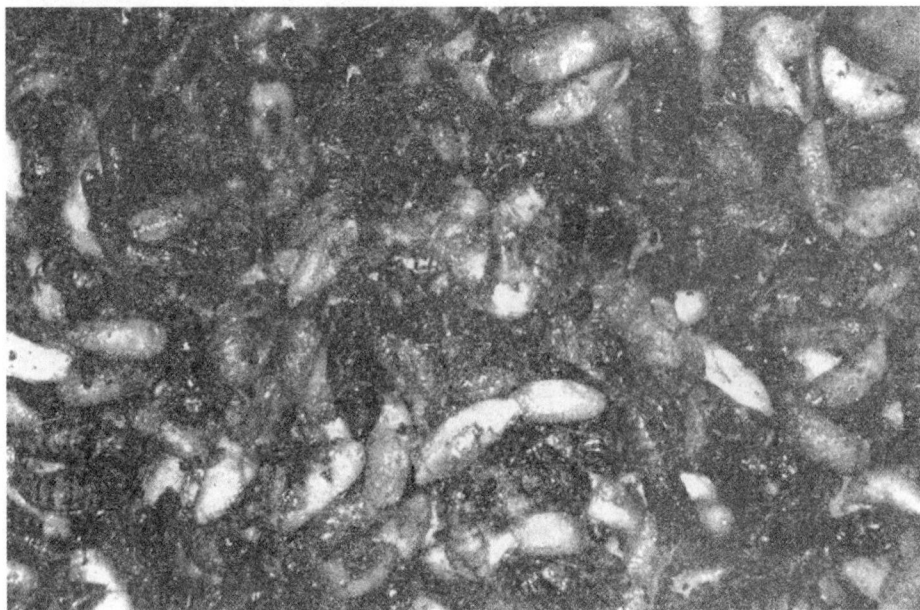

怒族

018

荞米砂饭

由"咕嘟饭"酿出的是"咕嘟酒"。其做法是把咕嘟饭放冷，拌上酒曲装入竹篾箩里捂好，几天后发出酒味或渗出酒液即改装在罐子里，密封十几天就成为怒族人喜爱的"咕嘟酒"。吃时先过滤再兑上一点开水或冷开水，加一点蜂蜜或甜剂，略等几分钟，即可饮用。"咕嘟酒"醇厚甜香，既可解渴又可滋补，平时产妇也常饮用，婚丧大事，过年过节，修盖新房，农事大忙季节都离不开它。

（三）荞米砂饭

在怒语的食谱中，"阿表"是一个最常见的名称，译成汉语就是荞砂饭，这是

荞麦种植

生活在福贡等地的怒族人民最喜欢的食物。它不仅适合老人和病人食用，也常被用来招待客人。

加工荞米砂饭有下列程序：先把甜荞籽洗净，放入锅内，加水煮一段时间，等到荞籽的外壳裂开时，捞出沥水，晾干。放到碓里加上适量的温水舂一下，使外皮和内粒分离开。然后用筛子筛去外皮，就成了荞米砂，可下锅煮食。如果不立即食用，也可以晒干存放。

煮荞米砂饭时，只需在锅里加上适当的水焖干即可，也有的人在其中掺一点包谷砂，煮出来的饭不仅兼有包谷和荞米的香味，颜色也令人赏心悦目。有条件的人家，还会用鸡肉作为配菜，使荞砂饭更加可口。

其实荞米砂饭还有很多吃法。例如先用荞米砂和青菜混合做成干饭，再把辣椒、核桃、姜、盐等佐料混合舂成面，加水泡饭，怒族人叫它为"辣子泡饭"。

还有的人家把荞米和蔬菜混合做成"阿麦义"（意为稀饭），再加上漆油和盐，吃起来另有一番风味。荞砂米饭不仅松软可口，而且还能增进食欲，帮助消化，对降低血糖，美容也有明显的功效。

琵琶肉

（四）琵琶肉

琵琶肉，怒语称"八甘"，也是怒族人民别具风味的食品，吃起来有一股特殊的香味。怒族人说，琵琶肉的腌制方法是神仙教的，不过具体情节各地不一。有的地方的人们说，一位美丽善良的仙女来到人间，她十分喜欢怒族人的善良忠厚，便在教会人们耕地养畜之后，把一手腌制肉食的绝活也传给了大家。而另一些地方的人们则说，从前有一位老猎手，经验丰富又射得一手好箭，因此只要上山，就绝不会空手而归。他觉得自己的好运气都是神

石板粑粑

仙给的，所以总忘不了祭献山神、猎神。老猎人常常遇到这样的难题，一次打到的猎物太多，吃不完，放了几天就坏了。一天晚上，他在睡梦中得到神仙的指点，醒来后依法腌制，就做成了可存放很长时间的琵琶肉。

制作方法是将宰杀后的猪刮毛洗净，把整头猪沿正面从嘴部到尾部整齐切开．取出内脏和骨头，在猪体内撒上适量的花椒粉、胡椒粉、草果粉、食盐以及烧酒，然后用针线把刀口缝合起来。在猪耳里塞上两个核桃，鼻孔中插上两根小木棍，存放一个月后取出木棍放掉盐水，待盐水流完后又插上木棍，同时在缝时的针眼上涂少许核桃油，如此反复数次后，就可放在火塘篾笆上熏或晾在房头，等到干了之后即成一具完整的琵琶肉。一般情况下，头年夜腌制的琵琶肉要到大年三十晚上才食用。由于腌制方法复杂，存放时间较长，其味道非常可口。

（五）石板粑粑

石板粑粑是贡山县怒族特有的一种美食，也是怒族同胞用来招待亲朋好友、尊贵客人的美食佳品，以石板当锅，摊入面浆烙制而成。成品香甜适口，风味独特，营养丰富。

怒语将肉酒和蛋酒称为"侠辣"和"巩辣"

贡山怒族居住地区产一种石片，薄如锅盖，火烤不裂。根据需要将石板制成大小各异的圆形石板。使用时，放置于支锅三脚之上，底部先用炭火烘烤，待石板烧透热烫，不用抹油，将事先调匀的荞、麦、玉米面糊倒在石板上，并反复翻烤，两面变黄即可食用。石板烤出的粑粑又脆又香，别有风味，是一道独特的民族美食。

（六）侠辣

生活在怒江峡谷的怒族，不仅爱饮酒，而且也善于用酒做出各种美味的食物，他们喜欢做一种高级滋补食品"侠辣"。这种食品营养丰富，味道独特，同时具有医疗作用。

在怒语中，"辣"是"阿辣"的简称，意为烧酒。"侠"的意思是肉，因此"侠辣"就是"肉炒的酒"。"侠辣"的制作原料有辣椒、自家酿制的黄酒（这是必不可缺的原料）及鸡、猪、牛、羊等动物肉均可，还有当地昂贵且十分滋补的漆树籽油。

"侠辣" 常用鸡肉(有的时候也可以用野鸡的肉或其他野兽的肉，瘦肉最好)为原料，其制作工序是：先将铁锅放于火塘的三脚架上生烧，再放上漆树籽油，待油冒烟后，将剁好的肉块放入铁锅里，煎炒的又脆又黄时，随即退火或将铁锅端下三脚架，最后把酒倒入锅内，盖紧锅盖，焖上约十分钟后，就可以连酒加肉倒出来品尝了。"侠辣"的做法，十分讲究火候和原料的搭配。

"侠辣"味道鲜美，辣度适中，男女老幼皆可食，且有一定的特殊功效。一百多年来，怒江峡谷内，几乎所有民族的妇女坐月子，只要吃上几顿"侠辣"，过几天便会面色红润。男人扛木头、挑石头过度劳累，都要做"侠辣"吃，跌打劳伤者，也要做"侠辣"吃。因此，生活在怒江峡谷两岸的各民族同胞大多没有风湿病、水肿病，这也许是"侠辣"的功劳。

盐巴茶是在瓦罐里加热摇动制成的

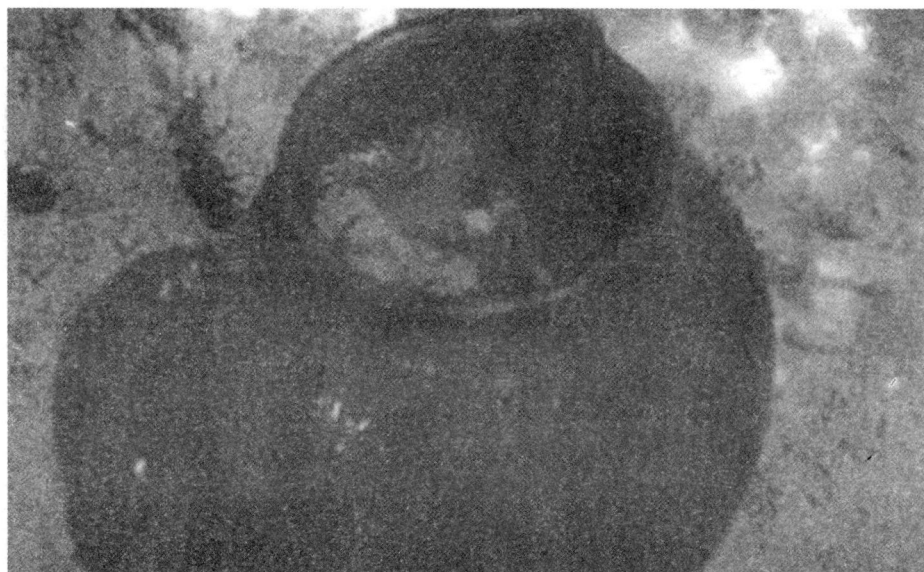

独具特色的怒家美食

竹筒茶

（七）盐巴茶

"早茶一盅，一天威风；午茶一盅，劳动轻松；晚茶一盅，提神去痛。一日三盅，雷打不动"，这是流传在怒家地区的饮茶谚语。

盐巴茶是怒江州一带较为普遍的一种饮茶方法。饮用方法是用容量200—400毫升的小瓦罐，洗净后置于火炭上烤烫，取一把青毛茶或掰一块饼茶放入罐中，烤至茶叶"噼啪"作响，并散发出焦香时，再将事先煨涨的开水加入罐中，至沸腾翻滚3-5分钟后，去掉浮沫，再加适量的盐巴放在瓦罐中摇动，用筷子搅拌至味匀，使茶水环转三五圈，再将茶汁倒入茶盅，根据各人对茶汤浓淡的不同要求，略加开水稀释即可饮用。这种茶汁呈橙黄色，这样边煨边饮，一直到小陶罐中茶味消失为止。剩下的茶叶渣用来喂马、牛以增进牲口的食欲。

由于地处高寒山区，蔬菜缺少，就常以喝茶代蔬菜。现在，怒族人家里几乎都有一个土陶罐，"包谷粑粑盐巴茶，老婆孩子一火塘"，形象地描述了怒族人围坐在火塘边，边吃包谷粑粑边饮茶的生活情景。茶叶已成为怒族不可缺少的生活必需品，每日必饮三次茶。

（八）漆油茶

漆油茶是怒族特有的饮料之一，是仿制藏族的酥油茶制成的，富含营养，具有

漆油茶

独具特色的怒家美食

怒族饮食

石板粑粑

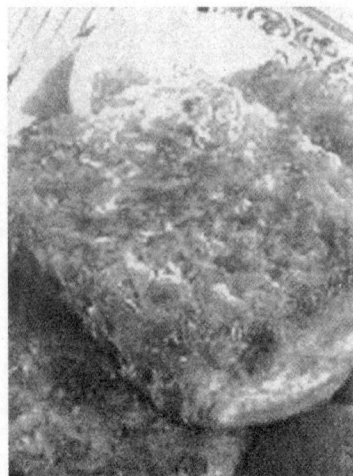

民族特色，又香又解渴，且祛风湿，具有很高的营养价值。其具体做法是先把芝麻仁炒香，核桃仁用开水烫后去皮，炒香，捣碎，然后土罐上火，倒入开水，放入茶叶，沸腾后成茶水，用特制茶桶，加入漆油、核桃、芝麻、盐和茶水混为一体，上下来回地搅动，直至漆油与茶水水乳交融，倒入茶杯即成。

怒族

三　衣住行尽显淳朴民风

（一）衣

怒族妇女都穿裙子，由于纺织技术传入怒族地区较早，所以她们的服装都是麻线织成，只是因居住区域的不同而略有差异，但都各有特点。贡山怒族妇女的裙子实际上是一床"怒毯"，白天是裙子，夜晚作铺盖。怒毯白底，织有红、黑、蓝、白竖条，当裙子穿时，彩条向下，颜色鲜艳，整齐大方。贡山妇女的上衣是右衽麻布衫，冬季或雨天天冷时加深色坎肩，有的胸挂红、绿串珠，很有民族特色。因受藏族、纳西族的影响很大，青年妇女很喜爱在前面围上藏式彩色围裙，在当地来说是最鲜艳的颜色，显得非常美丽。老年妇女喜欢在前面围一条纳西族式的黑色多折围裙，朴素合体。青年妇女剪短发，顶四方形纱巾，留在后面的略长一点，用若干条彩色毛线编成的发圈套在头上，既是装饰也是劳动保护，这是典型的贡山少女头饰。

福贡、碧江一带的妇女穿长裙，白底细蓝条格，最下端镶有三圈红色宽条，上身穿白色右衽短衫，斜挂若干串珠，头留短发。戴红白珠串成的小帽。遇到节日或赶集，姑娘成群结队来来往往，十分惹人注目。

怒族女子服饰

怒族男子服饰

　　怒族男子的服饰风格古朴素雅，与傈僳族相似，男子多蓄长发，披发齐耳，用青布或白布包头。传统服饰为交领麻布长衣，内穿对襟紧身汗衫，外穿敞襟宽胸长衫，长衫无纽扣，穿时衣襟向右掩，色彩以白色为基调，间着黑色线条，戴坠红飘带的白包头，下着短裤，大部分男人左耳佩带一串珊瑚，成年男子喜欢在腰间佩挂怒刀，肩挎弩弓及兽皮箭包，脚打竹篾制作的绑腿，显得英武剽悍。

　　（二）住

　　"怒人居山巅"、"覆竹为屋，编竹为垣"，这是古人对怒族居住生活的描述。

居住在怒江峡谷的怒族因为山高坡陡，基本上无法建造平房，所以在修建房屋时只好依山而立，盖成下部架空的干栏式建筑，这比起平整地基来既省时又省力，同时将居住层托离地面，可以降低地气对人的危害，防止毒蛇猛兽的袭击。

怒族人所住的房子南北不同，但都非常宽大。贡山怒族住木板房或石片顶房，长宽达两丈多。木楞房的营造有两种，一种就是楼式木楞房，即以圆木横架垒墙后，在墙上铺一层木板或篾笆，再在木板篾笆上架上木垒墙，用木板或茅草覆盖房顶。此楼式木楞房上层居住，下层为畜厩。另一种是落地木楞房，即在挖平的地基上直接营造一层木楞

贡山怒族村落

怒族

房；石片顶房是用当地出产的一种风化岩石破成石片盖顶，是一种别具一格的房子。石板约一尺见方，由屋檐铺起，第一块平放，第二块压着第一块的一道边，第三块压着第二块的一道边……一直覆盖到屋脊。石板不容易打烂。楼下不养家禽家畜，鸡窝牛圈都在楼外另建。在贡山，一看牛圈、猪圈修在楼外，便知道是怒族人家。

福贡和碧江的怒族会在挖平的地基上凿洞后竖上数十根柱子，中间系用三根撑天柱，在木桩上铺设木板或者竹篾笆，柱子四周均用篾笆捆勒加固。一楼底层用于

怒族民居一景

关养家畜；二楼铺以篾笆或长料板住人；再在横梁顶部铺上篾笆或木板，用于存放谷物和其他用具。房顶均用茅草或木板覆盖。这种房舍一般不设窗口。整个房屋为长方形，分堂屋和卧室。堂屋中间置一大火炉，火塘上设有铁三脚架或石三脚，平时吃饭在火塘旁边，跳舞时，在火塘旁边摆酒，跳累了即坐下来休息、喝酒、谈天。因此，人们常说的跳"锅庄舞"，即是由此而来。怒江地区常阴雨，地潮湿，住竹楼易于透风，排湿气，有利于人的身体健康。

无论是北部的怒族还是南部的怒族，都认为自己的房子很有优越性、很实用、很美丽。建盖新房是怒族人民的一件大事，因此，一户盖新房全村人都会来帮忙。盖房前，主人家首先备好料子，到盖房时，全村男女都集中起来帮忙突击盖房。每当新房建成，必会举行仪式"吉木迪姆娃"，跳舞庆祝，全村人都来参加。主人要以酒肉酬谢来帮忙盖房的人。有的庆祝活动要进行一天，而有的则要持续三天。邻村的甚至是偶然经过的客人，都会受到热烈的欢迎。

（三）行

由于怒族的生活区域皆为高山深谷，这

里森林茂密，水流湍急，山巅每年还有七个月的积雪期，自古以来山川阻隔，交通闭塞，正所谓"岩羊无路走，猴子也发愁"。这一地区地势的复杂性给人们的出行带来了很多的不便，过去这里只有羊肠小道，就连让骡马通行的驿道也是屈指可数，且通行时间不长，多修建于 20 世纪 30—40 年代。有许多山隘路口只能靠独木桥、独木梯攀援而过，在大雪封山的隆冬季节出门更加困难，人们几乎处在一个与世隔绝的环境当中。然而这些恶劣的条件难不倒勤劳勇敢并富有智慧的怒族先民，他们想出了很多种办法跋山涉水，过江越岭，与大自然抗争。这其中以各种渡江的交通工具最具特色。

怒族渡江的交通工具主要有独木舟、竹

怒族人渡江依靠溜索

怒族

038

筏和溜索三种。独木舟是由一段木头挖成，俗称"猪槽船"，但是这种小舟比较原始，一般只能在较平缓的江面行驶，如果在湍急的水流中行进危险性很大；竹筏由七八根龙竹捆绑而成，其适应性较独木舟稍好一些，但是它也只能在江水流量较小，江面较窄的冬季使用，到了夏秋洪水季节就无法行驶了；在怒江地区，只有溜索是人们日常出行所能选择的最主要的渡江工具。溜索，古称"悬绳"、"弦桥"和"撞"，有一些富有诗意的学者把溜索誉为"风之桥"。溜索是怒江境内最具代表性、最典型的原始交通工具，至今仍然普遍使用。

关于怒江两岸架设溜索还有一个优美的传说。在很久很久以前，怒江西岸有一

怒族人借助溜索过江

衣住行尽显淳朴民风

关于怒江两岸架设溜索，
有一个优美的传说

个怒族村寨，村寨里有一个名叫阿茸的姑娘，长得美如天仙，心灵手巧，聪明过人又能干，是十里八寨小伙子追求、小姑娘羡慕的对象。阿茸由于从小生长在大峡谷，面对高山峡谷和怒江的阻隔，造成怒江两岸各族人民相互来往不便，心中一直十分苦恼，想着一定要为怒江两岸人民作一些贡献。于是，阿茸想了许许多多的办法，但都因怒江江水湍急和峡谷陡峭而均告失败。一天，阿茸在家门口织布时，看见屋檐下有一只蜘蛛在织网，便停下手中的活看了很久，心想，如能

怒族

040

有蜘蛛的本领，在怒江上空编织一股蜘蛛线，让怒江两岸的人们像蜘蛛一样地飞越怒江相互交往，那该多好啊！阿茸将想法告诉了父母和乡亲们，大家都非常高兴和支持。于是，大家砍来高黎贡山的金竹，由阿茸动手编织了一根长长的竹绳，把绳子的一端拴在江西岸边的一棵大树上，另一端系上长长的麻线，同时与怒江东岸的人们取得联系，约定日期后，江西、江东的人们带上酒、肉等食品在怒江两岸相等。阿茸请来怒江最有神力的年青猎人，用弩弓将麻绳射到怒江的东岸，由怒江东岸的人们将另一端系在大树上，阿茸用木溜第一个飞越了怒江。从此以后，怒江两岸的人们交往就十分便捷了，怒江上出现了第一根溜索。怒江上的飞渡天堑的溜索有两种——平溜和陡溜。平溜的溜索两头一样高，平越大江，来往都可过，但溜到江心后得双臂用劲，攀到对岸。陡溜有一定的倾斜度，一头高，一头低，自然滑向对岸，十分轻快。

对于第一根溜索的来历有三种猜测：一是"牵手说"：两岸人各执一绳，绳头有钩状物。二是"漂流说"：在上游的江

怒族竹木房

水转弯处，将绳索飘于水面上，靠江水的流动使绳索伸展开来，使另一端直达对岸。这需要对绳索的长度、江水的流速，流向以及弯道的选择等做出准确的计算和测定。三是"弩射说"：于岸边造一大型弩弓，将绳子用弩箭射到对岸去。据说上弦拉弓都得用牛的力量，想象不出那弩弓该有多大。早先的溜索是用竹青皮或藤条扭结成的长绳，绑缚在江两岸的溜桩或大树上。

怒江上的溜索有两种：平溜和陡溜。平溜的溜索两头一样高，平越大江，但溜到江心后得双臂用劲双脚搭在溜板上，攀到对岸，比较费力。因其来往都可过，所以只需要一根就可以；陡溜有一定的倾斜度，一头高，一头低，自然滑向对岸，十分轻快。陡溜一

怒江上的溜索有两种：平溜和陡溜

怒族

般都是两根，倾斜方向相反，相距也不是很远，这样溜索者来回都很省力。为了安全，溜的构造除溜索本身外，尚有一块硬木或竹子做成的溜板和一根栓在腰间的麻绳。

溜板是过溜索最重要的工具，没有它也只有"望溜兴叹"，所以昔日路人溜板是必备之物，人手一副。老式溜板是用一段长三十公分左右的木头做成的：将其一剖为二，取一挖成凹形，似筒瓦，上留一脊凸出，掏一孔，穿入系绳。过溜时先将溜板凹处伏于溜索上，用系绳系住人下身或将臀部兜住，双手抱住溜板，待助溜人一松手便一飞而过。可以想见以往溜索在怒江地区的生产生活中地位何等重要！甚至在一些关隘要道的溜口还设有专人管理，俗称"溜官"。

在20世纪50年代以前，怒族地区的溜索几乎全是竹篾溜索。架设时，先用巨弩将细麻绳射到对岸，然后不断加粗麻绳，两岸之人共同努力，最后将篾索拉到对岸，两边收紧在大树或巨木桩上而成。过溜的工具是溜梆和麻带。溜梆用紫柚木等硬木挖成，形成带柄的半边茶杯，上有眼孔，

怒江溜索

怒江两岸的孩子乘溜索上下学

将麻带穿过溜梆的眼孔，再拴到过溜人身上，分别在腿部、腰部和脖子上套一道，拴定后用溜梆卡住溜索顺势滑下，过到中间后再调过头来，攀绳而上，以到达对岸。

过溜索对于本地人来说，也许是一件习以为常的事情，可是对外地人来说，是需要很大的勇气来完成的，是一次紧张刺激的冒险行动，是只有勇敢者才敢挑战的游戏。藤篾做的溜索很容易磨损，所以过一段时间（短则两三个月，长则不超过一年）就得更换一次。换溜时，两岸各选一个力气大的人，先用钓鱼线的一端拴一石子两岸对应投掷，待两个石子在江心勾连在一起时，便慢慢拉过

怒族

溜索之下是奔涌的怒江水

对岸。而后把钓鱼线换成较粗的麻绳，这时再将溜索一端固定于一岸的溜桩或大树上，另一端则系在粗麻绳上拉过对岸，固定于彼岸的树上或溜桩上，并用木棍逐段绞紧，换溜就完成了，溜索不仅可以溜渡人，而且还可以溜渡货物、牲畜等。

今天，沿怒江两岸先后修建了三百多公里的公路，通了汽车。江面上修建了一座钢筋水泥公路桥和五座公路吊桥，三十

怒江上的吊桥

多座人马吊桥，还修建了数百公里的人马驿道。篾索已变成了钢缆，溜板也被滑轮所取代，溜索越来越安全，有的溜索已成为当地人进行体育锻炼和娱乐的工具，也成为吸引旅游者的一个具有民族特色的项目，但无论怎样，溜索不会退出历史的舞台。

四 传承历史的风俗节日

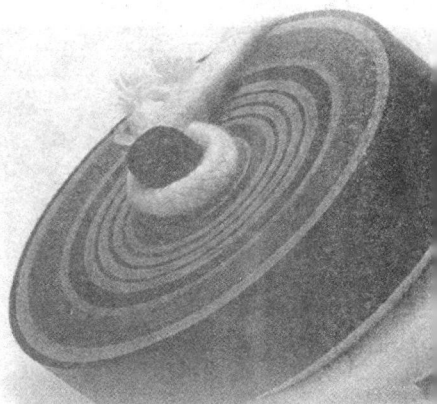

（一）风俗

1.怒族热情好客

他们善良、好客，待人诚实、公道，为人耿直、忠厚、坦率，在其社会中还保留着完整的传统美德，民风极为古朴。他们愿意交结朋友，只要有客人来他们都会都热情地将客人请到家中，并以"贵客"相待。只要客人进屋，主妇将以最快的速度为客人烹制佳肴，并同时送上两块石板粑粑，中间得夹一块煎鸡蛋或烤猪肉。两块粑象征夫妻二人，中间夹鸡蛋或肉象征有兴旺的后代，最后主人还要与客人共同饮酒，他们的饮酒方式一般是边饮边聊。在比较欢快热闹的场合，不论男女老少，如果将某人视为知己时，便要与他喝"同心酒"，这种酒的喝法也很特别，

怒族人热情好客，主人要与客人共同饮酒

怒族

需要两人腮贴腮，嘴挨嘴，一手搂肩，一手同端酒碗，仰面同饮，一饮而尽，此为"同心酒"，喝了"同心酒"，便成为最知心的朋友。

怒族人历来尊老爱幼。老人是怒族文化的传承者、经验的象征、社会的财富及主心骨。因此，怒族人在与老人或比自己年长者交往时显得很谦恭。在行路时遇有老人、长辈时，怒族人都会笑脸问好后先让其走在最前头，自己则让于路边并主动为老人减轻负担；即使遇小孩也会含笑相问，叮嘱一路平安；如与老人、小孩同去打水则要让其先打；上山砍柴则要将易砍的好柴让给他们；对待老人和长辈从不指名道姓，而是冠以各种称呼以示尊重；每逢吃肉、饮酒、吃饭均用双手捧送给老人及长辈食用；凡杀猪、杀羊、杀鸡和熬酒，都要把村里的老人和亲属请来共餐，并把最好的脑、肝、肾、舌头和心脏给老人。若老人没有前来赴宴，也要将肉砍出一块，带上几斤酒亲自送到老人家中．以示对老人的孝心和诚意。

团结互助、和睦相处是怒族人民的一个传统美德，只要捕获猎物的，见者均可

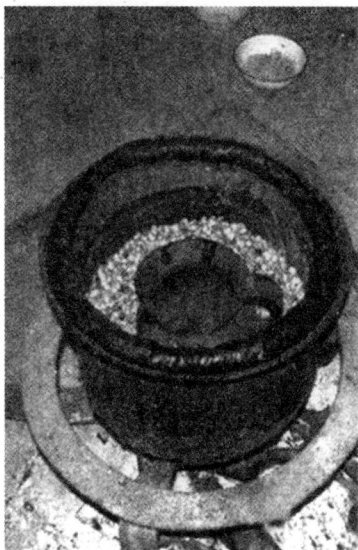

主客围坐火塘，把酒谈心，不亦乐乎

传承历史的风俗节日

分到一份肉，共同享用。如果谁家要修房盖屋，全村人都会不计报酬地前来帮忙，遇有红白喜事也会主动前来帮助。怒族婚姻家庭和睦团结，很少有离婚、不和睦的现象。

怒族男女青年在择偶时，并不单纯追求外貌美，而是以"男耕女织"、身体、品德和好客、尊老爱幼、厚道和操持家务等为标准。

怒族人从古到今都严守一条准则：诚实、公道、正直、自食其力，从不坑害和贪占他人劳动成果。即使在路旁、树梢上悬挂的瓜果和堆放在田野上的一堆堆谷物，放牧在山头山脚的一群群牛羊以及关养的家畜，谁都不会动用和偷窃。

2．无处不在的"竹"

竹在怒族人的生活中是无处不在的，在怒族的经济生活和传统文化中有着不可取代的地位和作用，人们的衣食住行都离不开它。在怒族社会中，一个男子是否被族人认同为男子汉，其中很重要的一点就是看他会不会剖竹剥篾、编制竹器。

怒族人在建造住房时，首选的材料就是竹，在家里睡的是竹做的床，人们打水用的是竹筒，背东西用的是竹篮，盛粮食用的是竹箩，用竹碗竹筷吃饭，用竹杯饮酒喝水，

竹在怒族人的生活中无处不在

连吸烟用的烟袋都是竹子做的；人们会在野外用竹箭、竹签、竹标枪狩猎；过江渡河用的是竹桥、竹梯、竹筏和竹篾溜索；闲暇之余吹的是竹笛、竹制口弦，玩的是竹制秋千，报丧用的是"竹号"；春夏之交青黄不接时吃的是竹笋。在怒族古老的创世神话中，有一个传说认为"怒族的祖先是簸箕变成的"。而历史上怒族百姓向外民族土司和头人的纳贡物品中，精美的竹器是必不可少的。我们现在主要介绍两种怒族传统的竹制器具：

怒斯

名称按傈僳语解释，是怒族的碗。实际上是一种簸箕形的竹编器具。既是簸箕

怒族人造房首选的材料就是竹

传承历史的风俗节日

竹蔑筐

形的竹编器具，为何称之为"碗"呢？这与怒族古代饮食习惯有关。怒族古代进食不用筷子，而是用手抓吃，因此不需要用碗盛饭，盛在竹器里即可。它的形状像盘子，有底圈，有顺势延伸的圆形口边。现今，随着怒族人民进食方法的改变，碗和竹器分开了，但这种编织工艺留传了下来，它是用本地所产的长竹节的篾片编制，不论大小，中间不留接头，非常光滑。型号大者约有二尺，小者如大碗。大者可用于簸粮食，小者只用于盛物。小怒斯精巧可爱，现代家庭常把它当做果盘使用。

怒族

转扇　　　　　　　　　　　　　　　　　竹编器具

扇子是我国发明的，种类繁多，常见
的有折扇、团扇、蒲扇等等。盛夏，人们
用它扇风去暑。然而不论种类有多少，常
见的扇风方式都是一上一下的扇动动作。
而怒族的扇子却别具一格，形似宫女的团
扇，但它是竹编的圆形。它的柄棒固定在
圆竹筒里，可以转动，纳凉时，不是上下
扇动，而是全方位的转动，既省力又方便。
这种转扇可称为扇子家族中的一绝。

3．娱乐活动

怒族的传统娱乐活动直接源于生产生

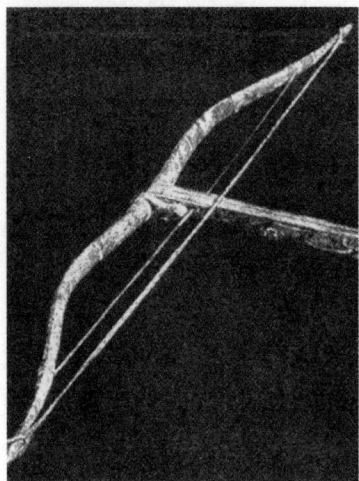
弩弓

活，并与生产生活紧密地联系在一起，如荡秋千，原本是过沟过坎的交通方式，射弩更是他们狩猎以获得生存物资的常用手段之一。但不论是荡秋千还是射弩等在旧时的主要功能还是一种生存手段，没有多少竞技性。解放后，随着怒族社会的发展，原本是生产生活技能的活动才逐渐演变成怒族的娱乐活动。

这些活动的功能开始由单一的生存技能发展为强身健体、文化传承，增进民族团结，促进民族交往及对外展示民族精神，促进民族间经济文化交流等多种功能。怒族的娱乐活动不受人数及技巧的限制，用一个或几个简单动作便能掌握和学会，就地取材，灵活机动，具有广泛的群众基础。逢年过节或者是农忙农闲时在田边地头举行，具有浓郁的地方特点、民族特点和群众性，主要有：

（1）射弩

将竹箭或粑粑、肉片等作为靶放在离射弩地点十几米远的地方，参赛人用各自精致的弩弓进行射击，谁射中目标，谁就为胜者，若没有人击中目标，竹箭、肉片、粑粑便归钉靶者所有。

古朴的怒族民居

（2）秋千

怒族荡秋千有两种：一种是"悬式秋千"，这种秋千要选用两根长短粗细对称的麻绳或树藤、篾绳系在树杈上，下端拴一块木板，人数一般限1-2人，站于木板上，用脚用力蹬，谁能将秋千荡至计有目标的位置，谁就是胜利者。另一种秋千叫"转转秋"，这种"转转秋"要选用约八米长的栗树杈插在地上加以固定，然后用一根粗圆木，两边各钻4个孔，使每孔穿一根小圆木，形成"X"形，再用绳子把两个顶端连起来，呈大圆形。在每根横圆木上拴上秋千，并将秋千架在两根树桩上，

传承历史的风俗节日

划猪槽船

用食油适当涂于两根树桩杈和横挡圆木的两端，玩秋千时，人数限4—8人，男女不限。甩来荡去，忽而像彩凤钻入云空，忽而又如大雁扑面而来。这些精湛的表演，不时引来一片欢声笑语，激起热烈的喝彩。谁成为优胜者，谁就会得到长者的鼓励，群众的敬佩。人们会推举一位受尊敬的老年人斟满一杯红色的高粱酒，来向优胜者敬酒；姑娘们则会跑出人群，献上精心缝制的花挎包；民间歌手们当即即兴歌舞，用歌声向优胜者表示祝贺，将他们视为山寨里的英雄。

（3）跳竹

将一根长约五米的鲜竹破开，削滑两头，削尖后将两头插入地下加固，高度与胸部一致，人们从其隆起的弓背跳过，随着竹竿两头距离接近，弓背越来越高，谁跳得高谁就是胜利者。

（4）虎熊抱石头

一人蹲着，两手撑地，护着身下几块石头，旁边的人伺机从其身下抢石头，守护者用脚触人，被脚触中者要替换守护人，如石头被抢光，守护者脚还未触中人，则守护者要表演节目，然后重玩。

猪槽船是一种将树干刳空成槽
的独木船

（5）划猪槽船

即划独木舟，人们在过"仙女节"时
举行的划船比赛。猪槽船是用大树干刳空
成槽的一种独木船，参赛人坐在船上，用
桨或双手由江一头划向对岸，以划到终点
的先后顺序取名次，一条猪槽船限1—2人，
这种划船比赛，多数在江边一带进行。

（6）踢脚

参加这种踢脚比赛，不受人数限制，
具体的形式可以是一对一、二对二，如果

觉得自己有实力可以一个对几个，参赛的唯一要求就是参赛选手的年龄和体质要差不多。

踢脚的选手在比赛中不能用手也不能用其他东西辅助，全靠脚的力量和技巧，比赛时，除生殖器等要害部位以外，其他身体部位都可以踢。胜负的评判标准是如不能抵挡对方而退步就为输，但是双方都相持不下的话，直到精疲力尽为止，算做打成平手。

龙竹可以用于加工梭坡赛上的比赛器具

（7）跳绳

怒族人的"跳绳"一般用篾条或树藤、麻绳取代。有三种比赛方法：第一种是参赛人在原地踏跳，以时间长短或次数多少来决定胜负；第二种是划定目标，参赛人在原地待命，由裁判一声令下后往前跳，以到达终点的先后取定名次；再一种是轮流跳绳，即由两人拉开绳子，在原地甩成大弧形，由数人进入绳子中间踏跳，若脚或其他身体部位碰绳而不能踏跳，则视为输者。

（8）梭坡赛

取两根较粗、长短一致的龙竹（约一

传承历史的风俗节日

米、宽2尺），在龙竹下端凿开两洞，用一根木棒把两根龙竹穿通加固，两边各留5寸作脚踏板。赛场要选择在较平滑的坡台上，参赛时，各自坐在两根龙竹上，两手除扶住龙竹边沿外，不能以其他物品作为辅助物，而是全凭用脚蹬，然后由高处往下梭，谁先梭到指定地点，谁便是梭坡赛的优胜者。参加这种梭坡比赛的人，必须具有一定的胆量和技巧，但人数不限，一般在春节时开展此项活动。

（9）"日姆达"

意为猜猜调，是怒族娱乐活动项目，主要流行于贡山县境内。其方法是参加活动的男女，要把自己最喜欢的东西，如戒指、耳环、

怒族人将戒指、耳环等自己喜欢的东西打上记号，用于娱乐活动

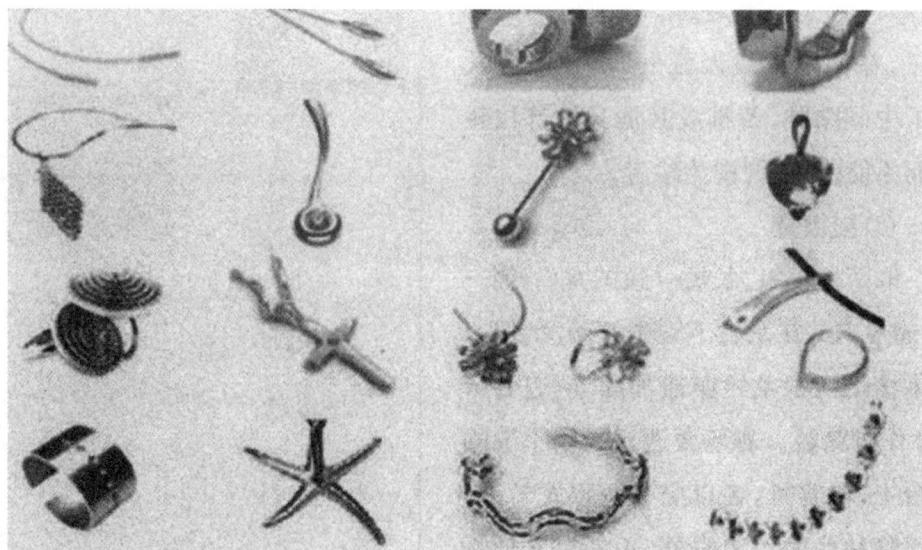

包谷子、火柴棒等打上各自的记号，凑齐后交给一人管理，然后由管理实物的人将上述东西混合在一起，两手合拢摇几下后，每次取出其中一物，叫会猜调的人唱，然后再由其他人或唱猜调人解释歌词内容，得出什么结论，各人去认自己的东西。算准算不准，由各人去判断，若判准了，就不再进行猜猜调，判不准了，还要重新算，连续进行三次都算不准，则取消资格。这种"日姆达"活动，只在晚上进行，男女不限。

(10)打陀螺

打陀螺是怒族男青少年喜欢的娱乐活动，

打陀螺是一项怒族青少年喜欢的娱乐活动

传承历史的风俗节日

彩色陀螺

陀螺分大、小型两种。做陀螺时，要选用硬木质，如栗树、梨树、松树节子部分，削制陀螺时要光滑、美观，上下要对称。陀螺嘴一般用小铁钉固定，若无网钉则可将陀螺下端削成箭头形，以便固定旋转。然后在嘴上用一根长的小麻绳绕住。比赛打陀螺有两种方法：一种是参赛的人把各自的陀螺用一定的技巧打在较滑的木板或平地上，看谁的陀螺旋转的时间长，谁胜谁负主要以陀螺旋转时间的长短来确定。另一种比赛方法是在平地上画好圆圈，参赛人手执陀螺，并打好绳子的一头，用力将陀螺甩到划定的圈内，让其旋转，如果陀螺旋转完毕而没有跳出圈时，就由输方将陀螺放置在圆圈内，由胜方任意击打圈内的陀螺，直到把圈内的陀螺打出圈外为止，比赛才告结束，这种比赛人数、地点、时间都不限，可随时随地进行，很有趣。

鲜花节是居住在贡山一带的怒族人的传统节日

（二）传统节日

1. 仙女节

每年的农历三月十五日，是怒族人民的传统节日——鲜花节。在怒族人民的传说中，鲜花节的来历有多种说法，但都和一位他们热爱的仙女有关，所以鲜花节也叫仙女节。

在怒族民间，流传着这样一个传说：怒家山寨有一位名叫阿茸的美丽姑娘，她发明了飞跨怒江的竹篾溜索，不辞艰辛劈开了高黎贡山，还在高黎贡山上为人们引出了甘甜的泉水，使常年干旱、滴水如油的怒家山寨得到了浇灌，使两岸的岩石变成了沃土，荒山变成了绿野。阿茸姑娘的名字传遍了怒江两岸，人们都称她为仙女，并且十分崇拜她。阿茸的美貌让可恶的头人起了坏心，想霸占阿茸。阿茸只好躲进深山，藏到高黎贡山的山洞里。头人不死心，追到山洞口，要阿茸姑娘出来嫁给他。阿茸姑娘不肯答应，就在农历三月十五日

传承历史的风俗节日

翩翩起舞的怒族青年男女

这一天，头人放火将阿茸姑娘烧死在山洞里。农历三月十五日正值阳春三月，怒江两岸鲜花怒放。怒族人民为了纪念这位聪明能干的坚强的姑娘，便将这一天定为鲜花节，也叫仙女节。在每年的这一天拜祭阿茸，逐渐形成仙女节习俗。当然也有说怒族的仙女节是源于原始崇拜，还有一种说法认为仙女节是怒族早期母系氏族尊崇女性的遗俗。

由于有一部分怒族人是信仰藏传佛教的，所以在仙女洞前的祭台四周往往挂着许多经幡。祭台上摆满了各种祭品，祭台前两侧坐着穿红黄教服的喇嘛。他们焚香、吹唢呐、打鼓、敲锣、念诵经文。祭台旁边有一个三米来高的烧香台，台上插着松枝、鲜花和各种颜色的彩旗，长长的竹竿尖上插着一个个老玉米。其中松枝象征着吉祥如意、万古长青，玉米象征五谷丰登、年年有余，鲜花是敬献给仙女阿茸的。在鼓乐声中，朝拜者手持鲜花，绕着祭台和烧香台走一圈，并把鲜花插在烧香台的竹竿丛中。念完经之后，喇嘛会把供奉用的食物抛向众人，得到的人会有好的运气，来年顺利，这个仪式叫做"开洞门"。

洞门开了之后，人们会有序地进入仙女

洞，向仙女敬鲜花，喝仙水。口中祷告希望阿茸保佑他们全家平安，五谷丰登。年轻的怒族少女们更是怀着对阿茸的敬佩和向往，眼望花丛，心里默默地许愿，祈求阿茸保佑她们能心想事成。祭祀完毕，人们纷纷取出自带的盛水的容器，虔诚地接着洞中钟乳石滴下的"圣水"，他们认为这是阿茸的乳汁，喝了可以祛病。

整个祭祀活动之后，各家各户设宴饮酒，人们围坐在山坡上，将准备好的食物摆在铺有松针的地上吃喝起来。他们边吃边喝边唱，兴起时又跳起欢快的舞步，山坡上充满了古朴而隆重的节日气氛。青年男女则身穿节日盛装，前往一个空旷的地

卡雀哇节祭拜神灵场景

传承历史的风俗节日

节日里，怒族人在准备食物

方进行射箭比赛。同时，举办各种物资交流集会，吸引当地各民族群众前来购买。晚间，青年男女们燃起篝火。在篝火旁，他们对唱情歌，欢快地跳舞。

2、如密期

"密期"为怒语，"密"意为邪，"期"意为洗，合起来意为清洗、驱除邪气。传说其起因是怒族人民由于连续遇到天灾人祸，在无法抵御的情况下，便求助于神灵，用"密期"来消灾避祸，祈求神灵保佑风调雨顺、五谷丰登、六畜兴旺、家庭和睦、平安吉祥。这种祭祀活动一般在春耕前的3月6日，以村寨为单位举行，所以把它叫做"如密期"（"如"是村寨的意思）。为什么把日子选在3月6日呢？这还有一个优美动人的传说，传说在每年的3月6日那天，有一种鸟就飞到村寨的核桃树上，唱起动听的鸟语歌，其声调与"如密期"相似，因而选定此日。

怒族是怒江两岸最古老的先民和开发者。他们在开辟怒江这块蛮荒之地时，以超凡的毅力和勇气与天斗、与地斗，用自己的聪明智慧和汗水，甚至用生命开发着这片热土。根据怒族母女和父子联名的64代口传谱，怒族人民在怒江这块土地上繁衍生息了约一千七百多年。在这一千七百多年的创业历史中，他们一代又一代与自然界艰苦抗争。怒族的"密期"活动是在漫长的与自然界作艰苦斗争的过程中产生和发展起来的。

随着时间的推移，现在开展的"密期"活动，已经与以往不同，从它的活动内容到形式，都有了质的飞跃，它已演变并发展为"开春节"。这种活动是以开展民族文化活动为载体，根据自己的传统节日来迎接春耕的到来，欢庆幸福美满的新生活，

怒族人热爱歌舞

传承历史的风俗节日

怒族节日盛大且隆重

颂扬勤劳致富，交流思想，沟通感情，陶冶情操，是一种健康有益的民族大众文化活动。

3. 新年

怒语称"吉佳姆"，即过新年的意思，又称为"盍司节"。每年从农历十二月底至正月，碧江、福贡、贡山、兰坪、维西等县的怒族都过这个节日，节期为十五天。每到腊月末，家家都要清扫庭院，把火塘中的余灰清理干净，用松枝装饰门面，地上及炊具餐具、各种器皿铺上一层绿松毛（松树叶），用来象征着去旧迎新。除夕之夜，家家要吃团圆饭。吃团圆年饭前，先要举行简单的祭

每到腊月末，家家户户都要把火塘中的余灰清理干净

祀仪式——"那作莫"仪式，就是将爆玉米花放在火塘里的三角架上，在三角架的三个角上各放一片肉和一杯酒，用意是祝来年丰收，每家每户的生活都是有粮、有肉、有酒。有些地方是过年才杀猪，那么这天就很热闹。

初一凌晨，年轻的小伙子要抢先去井里打吉祥水，并给长辈拜年请安，这时长辈要拿出酒、油茶、麻花等进行招待。比较特别的是，烧好的第一顿饭要先给牛和狗分出一份面饼和肉汤，因牛不吃荤，主人还要用手掰开牛的双唇灌进去。因为他

初一凌晨，晚辈要抢先去给长辈请安，长辈则要拿出油茶等来招待

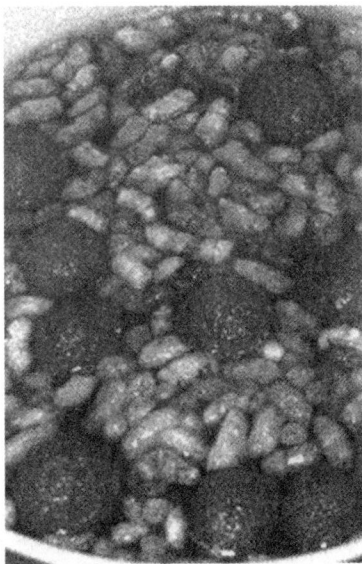

传承历史的风俗节日

069

怒族开春节

们认为，牛耕田，狗撵山，它们也辛苦劳作了一年，这样做是理所当然的事情。

节日期间，小伙子们最喜欢玩的是赛射弩。他们把自己带的粑粑和肉都挂在树枝上，然后大家划定距离用弩弓去射，谁射中了就归谁。姑娘们最喜欢的是荡秋千，她们身穿带绣花边的衣裙，佩戴着珊瑚、玛瑙、贝壳、银币及小珠子串成的胸饰及首饰，在大树下的秋千上欢笑翻飞，犹如风中彩霞，飘忽不定，好像花中蝴蝶，追逐嬉戏。小伙子射弩准头大，姑娘的秋千荡得高，都是勇敢机智的表现，备受赞赏。节日之夜，男女青年各自带上琵琶、口弦琴，相聚一处，跳"琵琶舞""狩猎舞""洗衣舞"，还有模仿乌鸦喝水及猴子掰玉米等舞蹈。老年人则凑在一起边喝酒边唱民歌，有的老人能断断续续唱两三天。过完节后，要杀一只鸡祭祖先，祭神。劳动的第一天要先泼洒水酒给山神，之后才能耕地。

4. 祭谷神和祈雨

怒语称"汝为"，"汝为"又叫作"让为"，直译是"买粮食的魂"，即祭谷魂。时间为每年农历十二月二十九日，祭谷神时不允许妇女儿童参加。在这天的鸡鸣天亮之时，巫师即把村里的成年男子召集到"五冲"，据说这是"拉甲约"和"拉五起"两个氏族的祖先诞生地和祭祀场所。男子们抬着祭品到预先选定的场地，主持仪式的巫师叫人砍一枝金竹、一根芦苇和一枝青枫栎插在场上，进行祭祀，祷告谷神保佑来年庄稼丰收。祭祀完后，大家生火煮饭，和着米饭将祭品分而食之。祭祀活动以一头肥猪作牺牲，以荞米白酒为祭品。参加者还要各带一碗玉米或旱谷，作为聚餐食品。

"汝为"之后的第二天即"夸白"，意为"敲犁头"，这是一种祈雨并向神灵求平安、求好运的祭祀活动。祭祀地点同"汝为"，在太阳升起后举行，以鸡为牺牲，用鸡血祭神灵。在巫师向神灵求平安、求好运之后，再敲犁头祈雨。

5. 祭山林节

这是居住在云南省兰坪县菟峨区的怒族（自称"若柔"人）为祭祀树林而过的节日。节期一般在树木枝叶茂盛的六七月间举行。祭礼时要全族参加，并排除其他民族的成员。他们集中到山上一片被视为"神林"的树林前，由巫师主持，杀黑羊祭祀，以祈求天神保佑全寨风调雨顺，求

每逢祭山林节，都要由巫师主持，杀黑羊祭祀，祈求天神保佑全寨

传承历史的风俗节日

金秋稻谷

神保护森林，免除各种虫灾、火灾等危害，使林木长得茂盛。祭礼完毕，全族人就在原地烹羊共享美味，但不能带回家中，否则是对神灵的不敬。"祭天节"过后，众人不能在祭场附近的神林打猎，更不能砍伐林中的树木。此节不允许女性参加。

6. 新米节、贺新房

这是兰坪一带怒族的传统节日。新米节在每年稻谷成熟时举行。各家各户从地里割下一些稻谷，舂成米，并杀一只鸡，做一顿新米饭，先将鸡肉和米饭给狗吃，然后全家再吃新米饭。贺新房是在木楞房还没有开设门户时举行。主要是先杀鸡，请巫师祭新房，然后在木楞房一壁砍开一个洞。同时，村里人带酒肉前来祝贺，饮酒歌舞，通宵达旦。

五　独特的婚丧习俗
与民间禁忌

（一）婚俗

怒族青年男女从恋爱到结婚的过程颇有
情趣，他们通常在婚前有比较大的自由，只
要双方有意就可以约好约会的时间和暗号。
一般来说，怒族青年男女在恋爱的初期，会
以清脆的"达变"（达比亚）的曲调和优美
动听的"拟力"（怒族口弦）的乐曲相邀。
男青年是以琵琶来表达思想感情，传情达意
的，女青年知道自己的意中人来求爱了，也
必然会以口弦对答。据说，这种对答，不仅
可以表达爱慕之情，流露心中的秘密，而且
还可以提出疑问，进行答辩，甚至还可以共
同商讨有关事宜。这样以曲代谈的恋爱方式，
双方可以不说一句话，完全靠演奏曲调，但
双方都能意会，直到情投意合为止。这种定

怒族男青年是以琵琶来传情达意的

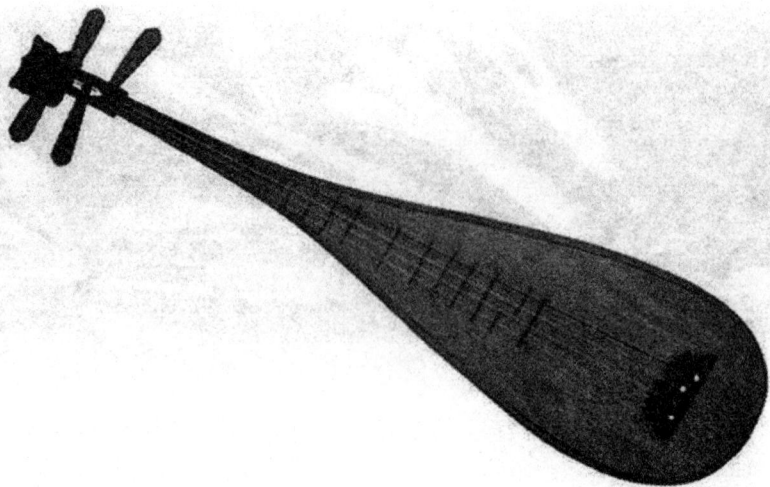

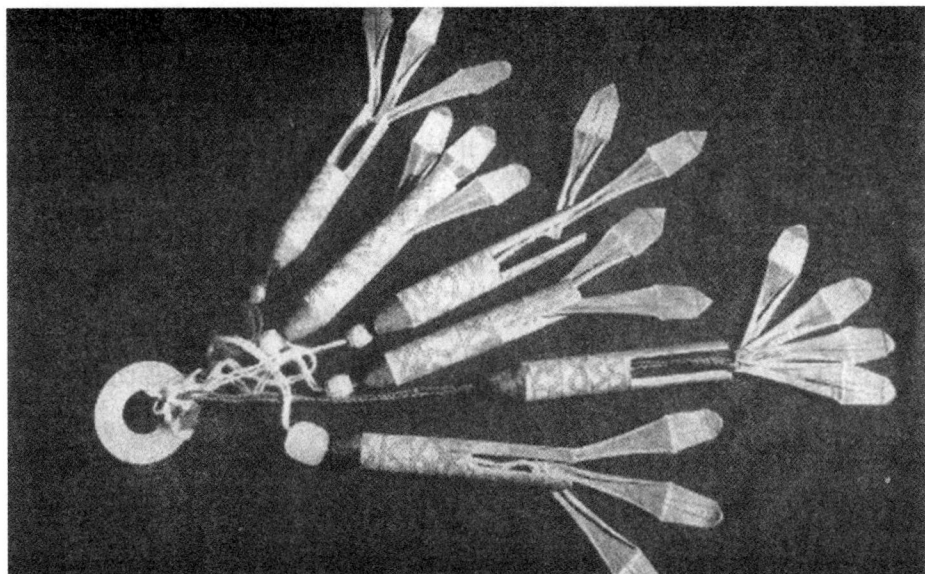

姑娘会赠送心上人由自己精心制作的口弦

情方式，可以说是没有语言的恋爱，十分特别。

男女青年在经过多次的约会定情后，会互相赠送小礼物。男方送给女方一个自己精心制作的口弦，女方送给男方绣的花布烟袋。在口弦和烟袋上特意留有互相知晓的、表达双方真心相爱、永不变心的誓言印记，感情特别深厚的男女青年，还各剪发一束送对方珍藏，表示生死与共。一段时间之后，双方父母知道了两人的恋情，会给他们俩留一块"共耕地"，目的是让青年男女在共同的劳作中进一步培养感情，并且加深彼此的了解，为将来的生活打基础。

一般情况下，订婚仪式是由媒人带着酒来到女方家说媒

历史上，怒族氏族外婚和氏族内婚并存，姑舅表兄弟与姐妹有优先结婚的权力，而且堂兄弟姐妹之间也可以通婚。在怒族社会中，母舅的地位很高，姑舅表婚具有特殊的优先地位。

怒族的婚礼流程通常都比较简单，主要分为几个步骤：

1. 订婚

一般由男方请一名媒人，带四瓶酒到女家。媒人到了女家之后，先取一瓶酒请大家共饮，然后说明来意。如果女方的父母赞成这门婚事，媒人会拿出其他三瓶酒，把女方的亲戚、邻居都请来，当众宣布订婚的事实。

2. 议彩礼

彩礼一般以黄牛计数

订婚后，男女双方都要请自己的亲戚来共同商议彩礼的多少。双方商定好彩礼后，即不得反悔。彩礼一般以黄牛计数，少者三头牛，多者七八头。由于彩礼比较重，只能分几次付，有的在婚后还须继续付，个别的甚至还要由子女继续支付。

3、婚前准备

婚礼的前几天，全村寨的各家各户都派出得力的男子或女子，到男方家帮助料理结婚的有关事务。怒族流行父系小家庭，子女结婚后即独立成家，自营生活，所以男方家里会为新婚夫妇盖一座房子，这需要全村人的帮助。房屋落成后，由巫师占卜，选择迎亲吉日，一般会选择在属龙或属蛇的日子，因为龙和蛇在怒族的观念中是吉祥如意的象征。女方家也会格外忙碌，他们要做的是给新娘准备新嫁衣、置办婚礼所需的首饰、给新娘请陪娘、邀请宾客。

4. 迎亲

迎亲是怒族婚礼中最为热闹的场面。在迎亲的早晨，男方会组织一个十几个人的迎亲队伍，背着木柴和明子，带着一罐酒和其他礼物，在一位能歌者的率领下前往女方家迎亲。到女方家后，会得到热情的招待。他们首先要与女方的歌手一问一答对歌，如果男方歌手唱服了对方，就能把新娘子接走，否则女方会故意拖延时间。

一切都在热闹的气氛中进行，等到太阳爬上山岗，阳光洒满整个村寨的时候，新

怒族民居一角

郎告别女方家，接上新娘开始上路。女方家送亲的队伍熙熙攘攘，簇拥着新娘走出村寨，她的父母也跟去，男方父母要在途中相迎。走在队伍最前面的是背着一头大肥猪和一大坛白酒的几个年轻力壮的小伙子；新娘身着怒族的盛装，脸上盖一块色彩鲜艳的薄布，由一群女伴陪着，走在人群中间；最后面是背、抬着嫁妆的送亲队伍。

送亲队伍

男方家的人早就迎候在村寨门口，当陪送新娘的队伍进入男方村寨时，他们会热情地迎上去，给背猪、背白酒和背、抬嫁妆的人们敬酒。来到新郎家门口时，新郎的舅舅和舅母要向送亲的人们敬一杯竹筒酒，敬完新娘和送亲的人们，新郎、新娘才能迈进男方家的门。

新娘和送亲的队伍进了男方家院子后，男方家的人接过女方家带来的礼物，热情地招呼女方送亲的人们。这时候，新郎要上去牵住新娘的手，把新娘迎进房中。一见新娘进入房中，送亲者中一男子即用火药枪朝天鸣放三枪，以示庆贺。其余送亲的人则跳起怒族的足踏舞，以有节奏的舞步跟着进入房中，前来贺喜的同辈男女

独特的婚丧习俗与民间禁忌

新郎的舅舅和舅母要向送亲的人们敬竹筒酒

青年也都涌上来和新娘拉成一个圆圈，共同跳起"圆圈舞"，唱起"琵琶调"。

5. 婚仪

婚礼的仪式很简单，地点就在室内火墙周围，新郎、新娘要并肩而坐。仪式由一位巫师主持，首先向已故的祖先报告家庭增加了新成员的情况，祈求祖先保佑；祝福"夫妻和睦、多生子女、人畜平安、农业丰收"，然后主人以准备好的酒肉来招待客人。

姑娘和小伙子来到房前的院子里，弹起琵琶，吹起口弦，跳起了热烈欢快的《琵琶舞》；在房内，中老年人则围聚在火塘边，一边喝酒，一边听歌手演唱怒族传统的《婚礼歌》。要由男方的歌手扮男子，女方的歌

手扮女子，用男女对唱的方式来演唱。《婚礼歌》的内容十分丰富，从人类起源唱起，共分"创世""谈情""牧羊""剪羊""织毯""迎亲"等六章。"迎亲"是《婚礼歌》最后的部分，也是全歌的高潮，当歌中的男子爱上一位姑娘，使出全身解数，去放牧，剪羊毛，织毯，终于能迎亲，和心中爱恋的人结为夫妻时，不由得激动万分。《婚礼歌》就像那悠悠白云和滔滔怒江水，飘在怒族人心间，流淌在怒族人唇边。这其中，表达了人们美好的情感和对未来幸福的憧憬，可以说是一部怒族的创世诗歌和婚恋习俗的辞典。《婚礼歌》很长，要分几次才能唱完，中间歌手要同新郎新娘

独特的婚丧习俗与民间禁忌

桥下奔涌的怒江水

一块吃手抓饭，吃完后再接着唱，有时要一直唱到第二天的黎明。

婚礼的第二天，巫师要进行第二次祭祖活动，内容与第一次相同，但贡品里必须有一个猪头，男方家要给前来参加婚礼的人们每人送一份饭菜，宾客这才高高兴兴地离去。待客人散了，只剩女方的送亲人时，男方父亲拿一瓶好酒递给女方家的长辈喝，女方长辈接过酒，一边喝一边向新郎提出希望，并予以美好的祝愿。按传统习俗，新郎新娘在结婚的头三天内不能同居，只能在洞房里支两张床，分别由一名小伙子和一名姑娘陪伴新郎和新娘。

6. 回门

婚后第四天，新娘协同新郎，带着松明和酒，到娘家回门，还要给伴娘带一块布或一个竹篓，作为送亲时的酬谢。夫妇在女方家住两三天就返家。从此与男方老人分居，一个新的小家庭就诞生了。

怒族还普遍流行转房制，那是仅限于"兄妻弟妇"的转房，即兄死，弟可娶其

婚礼祭祖活动中的贡品一定要有猪头

独特的婚丧习俗与民间禁忌

天然形成的石棺

嫂子为妻子；弟死，兄可纳其弟媳为妻。还残存着血缘族内婚的痕迹，除亲生父母子女、亲兄弟姊妹之外，其他从兄弟姊妹之间均可结婚，不同辈份之间也可以结成配偶，普遍认为近亲结婚是亲上加亲，社会上也广泛流传着兄妹结婚的故事。转房手续很简单，当事人杀猪煮酒请客吃饭便算履行手续。怒族还实行财产的幼子继承制，因为长子多分居，幼子随父母，所以便很自然地成为财产的继承人。

（二）丧葬

怒族丧葬仪式极为庄重，就其演变形式而言，其丧葬是由火葬逐渐演变为土葬的。从葬法上看，怒族曾有过石棺葬、篾棺葬、木棺葬、火化骨灰罐葬、火化露天葬、屈身坐式葬、直身仰卧葬、圆丘坟葬、条形坟葬、无坟平葬及岩棚葬等葬式。怒族没有氏族公墓，只有家族坟地。墓地一般选择在房前屋后的坡台或阴森的丛林里，意思是前辈后辈都有靠山靠背。

石棺

怒苏人死后，一般要立即吹响一种用竹子做成，专为丧事而用的道具"竹号"。吹响"竹号"是向全村报丧，也是为死者"开路"。"竹号"的数目视死者的年龄及身份而定。巫师死吹4支，头人吹3支、有儿女者吹2支、未婚者吹1支。从人死到出殡，每天吹3次竹号（或牛角号），送殡时还要吹一次，妇女、小孩死亡一律不吹。因为，那些已死的父兄们已经在前面等着替他们开路。一听到吹竹号声，即知某家有人去世，死的是什么人，村里人

独特的婚丧习俗与民间禁忌

祭品要收装于竹筒或篾笼中，
葬时作殉葬品

无论是谁只要听到竹号声就要立即放下手中的工作，带着酒肉吊丧。一般小孩及中青年人死后需杀猪、羊为牺牲；老人、头人、巫师或独生子死后还需要杀牛为牺牲。

凡年长的男人死，全氏族或全村社停止劳动三天，以示哀悼。尸体停好后，每天需祭三次亡灵。每次的祭品都要新的而且不能重复，且均要收装于竹筒或篾笼内，到葬时作殉葬品。

果科、普乐的吊丧方法是男男女女在堂屋内手拉手地围成一圈，边跳舞、边唱挽歌。出殡时，几个手持长刀及竹片的男子边吼

"嘹……"，边飞快绕死者家转三周。其中一人举刀为亡灵开路，有两人用竹片扫死者家的墙，意在让亡灵不要逗留。在他们后面的是抬着灵柩的 8 名男子，灵柩后跟着两名并排吹竹箫的男人，其后才是死者的亲属、左邻右舍等送殡的队伍。出殡后，主人要将房屋彻底打扫一遍，以此清除灾难，以求平安大吉。

丧葬仪式各地不一。碧江的怒族在数十年前多行火葬，至今仍能见到过去怒族的火葬场。近几十年来由受其他民族的影响，已大部分改行土葬。出丧时由一位年老者手持长刀，边走边高喊，驱赶邪恶。落葬时请巫师破土，给中青年男子送葬时

葬礼上要为死者吹竹箫

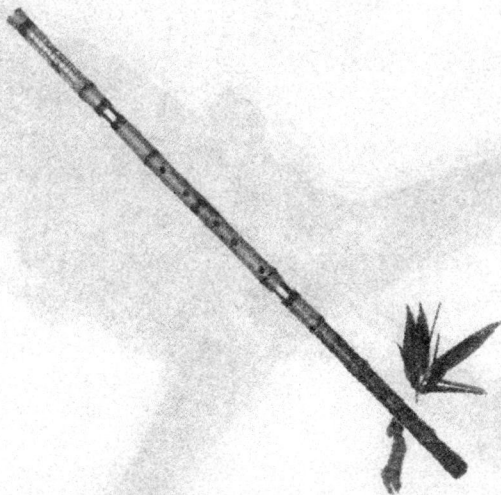

独特的婚丧习俗与民间禁忌

要由几个人在前面吹竹号引路，直至墓地时为止。若死者为男性，要挖 9 锄泥土，伸肢仰葬；如果死者是妇女，则挖 7 锄，屈肢侧葬；如夫妻合葬，则让妇女向男子屈肢侧葬，然后其他人培土将棺木盖满为止，最后垒土盖上青石板。

葬后，都要在墓前放挂死者生前的用具。如果死者为男性，将他生前所用的弩弓、刀箭、兽皮箭包挂于墓旁；如死者是妇女，则将她生前所用的织具和炊具等挂在墓旁，意为死者在阴间还会像生前一样生活，还照常使用这些生产生活用具。习惯上对安葬后的成年人，只在第一年的有关节日上坟，此后均不再扫墓。时间长了之后，如果坟墓渐平

死者如果为男性，要将他生前所用的弩弓等物品挂于墓旁

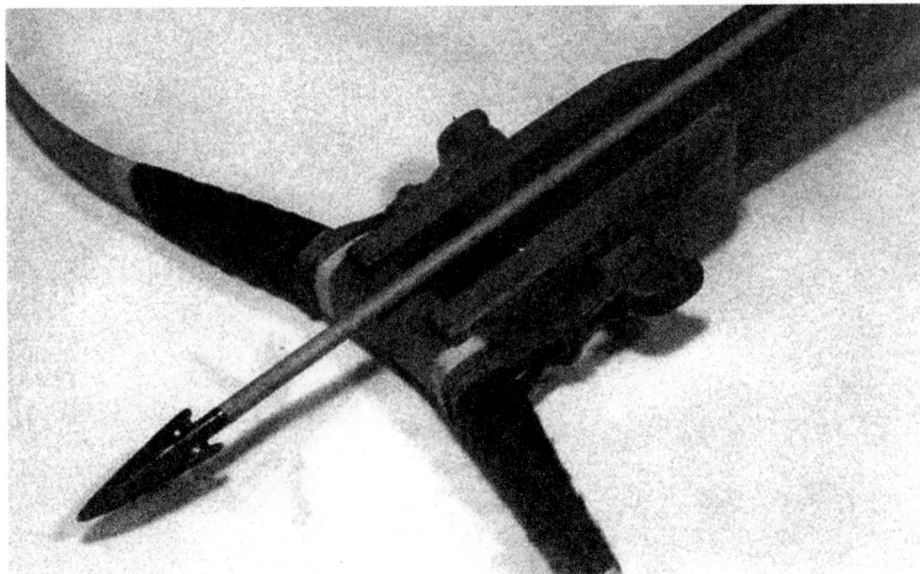

怒族

并消失了，那么仍可在上种庄稼。

送葬当天晚上，同家族的人要围坐在死者家吟唱挽歌。到深夜鸡叫头遍时进行分火仪式。分火时，请巫师将自家火塘中余灰全部清除出屋外，并在屋内重新生一灶火，表示已清出死者之火，重新烧的是活者之火，以示今后不让死者扰乱活人。

贡山的怒族人未死不能做棺材，人死后有迁坟的习惯。信奉藏传佛教的人则实行火葬，葬时请寺庙喇嘛念经超度，并以藏俗在死者坟前立麻布幡数面。

（三）禁忌

怒族在生产生活中的禁忌颇多，并带有原始宗教色彩，有的是生活经验的总结。其主要禁忌有：

1．婚姻禁忌

贡山怒族严禁族内婚，外甥有优先娶舅父女子的权利。天主教传入后，怒族中信教群众的婚姻则受教会限制，规定教徒不许与非教徒成婚，教徒婚姻须经神甫许可，婚礼由神甫主持，并在教堂举行，不宴宾客。

2．生活禁忌

怒族民居一角

独特的婚丧习俗与民间禁忌

火塘被视为全家保护神之居所

到怒族人家做客要带些烟、酒作为礼物，宾主尽欢之时，不能拒绝主人敬的"同心酒"，有些地方忌讳杀鸡待客，所以尽量不要提出吃鸡的要求。

小辈要尊敬老人，不随意翻动老人的东西，不能从老人面前走过，不直呼老人的姓名。不能上长辈的卧床，不能将梦到的事情与长辈交谈，不能在长辈面前说脏话、谈论婚姻家庭、撒尿和放屁。

怒家客房中间置有火塘，其被视为全家保护神之居所，其上供奉神位，客人不能坐到火塘的正前面，不可用脚踩火塘中的铁三脚架或锅庄石，更不能从火塘上跨过，主人的卧室也是不能随便进入的。

妇女怀孕后不能爬山、不能过江河、不能进仙人洞；不能看形态丑陋的东西；不能到老人的前面去；不能去神秘的地方；妇女生孩子，男人不能在场；产后一个月不能用凉水洗脸；妇女不能跨越弓箭、长刀及背板，不能参与杀猪、杀鸡，不能参与家族的重大祭祀活动；妇女坐"月子"期间，外人不能随便出入产妇的家门，特别是夜间，因事需出入产妇的家门，必须点上松明火进出。

出嫁妇女不能上楼，不能在公婆卧室走

动。

3．生产禁忌

家族氏族成员，都必须从事力所能及的劳动，不得不劳而获。不祭山神，不能开荒；不祭地神，不能下种；不祭猎神，不能狩猎；不祭水神，不能捕捞；不祭谷神，不能收割；不祭树神，不能砍伐。初一和十五不收割、不薅锄；属猪属猴者这两天也不能收割和薅锄。

怒族在狩猎中也有很多禁忌，如妇女不能过问，不能参与祭猎神，妇女不能跨过弩弓和触摸弩弓；如果妇女参与过问，就捕不着猎物；如果触摸、掰着弩弓了，弩弓再好也会射不准野兽。另外，怒族人

山神庙

怒族人禁忌砍伐神树

认为，在狩猎过程中如果遇上行人，就不能猎到猎物，不能继续狩猎，需改日再去。

4. 宗教信仰禁忌

兰坪县菟峨区怒族祭山林时，阖族男性参加，禁其他民族成员及本族妇女参加；碧江河地区腊乌期、拉甲约两氏族过谷神时，参加者必须是成年男子，未成年男子及妇女不能参加。

不能砍伐神树，也不能在神树及祭神的岩石下大小便，不能触动野外的祭祀物，不能躺着吃喝，不能随便出入家族的坟地。不能蹬踩、跨越三角，也不能任意搬弄三角。村寨边的山林和道边的古树被怒族视为神林之居所，禁止砍伐，禁止在其下大小便。

六　原始生态下的怒文化

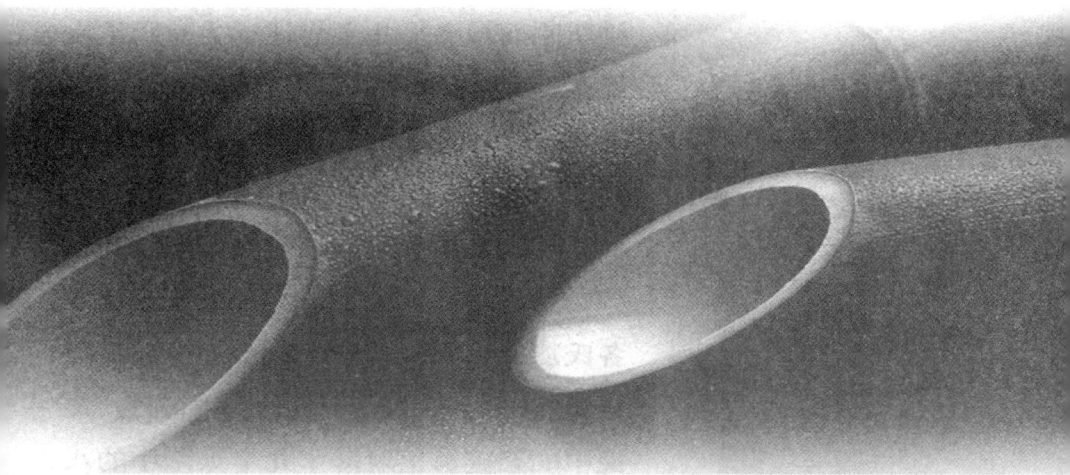

怒江流域地貌与气候的多样性，造就了怒族人民特有的民族特点，他们在长期的生产和生活实践中，创造了绚丽多彩的文化艺术，留下了属于自己民族宝贵的文化艺术遗产。

（一）文学

由于怒族没有自己的文字，所以其文学样式主要是口头上的，靠世世代代的唱调子、讲故事得以流传至今，具有浓厚的生活气息和民族特点。文学样式主要有神话传说、民间故事和民间歌谣。

1. 神话传说

创世神话中，讲述着人类起源，如著名的《创世歌》（又叫《瘟神歌》，因祭祀瘟神所唱而得名）。主要讲述远古时代洪水泛滥，人类仅剩兄妹二人，因得到天神或动物（九江狸）的启示，躲进葫芦或竹筐、蜂窝、树洞等处藏身，得以保全性命，最后兄妹二人出于无奈而遵照天意结为夫妇，生下的后代就是人类各民族或怒族各氏族的祖先。其中《创世诗》中还有类似汉族"后羿射日"的传说，不同的是，传说中的怒族勇士射落了九个太阳中的八个、七个月亮中的六个，而不是十个太阳中的九个。在怒族的创世神

怒江流域地貌特征孕育了怒族人特有的性格

话中，还有解释天地起源的《开天辟地》，解释人类起源的《高山和平地的由来》《打雷的由来》《刮风的由来》《天气阴晴的由来》《地震的由来》《雨水变人》《女人出嫁和生育的由来》《人为什么会死》《射太阳、月亮》《祖先阿铁》等。

怒族民间还流传着不少带有母系社会和图腾遗迹的传说，如《女始祖茂英充》的故事。传说远古时蜂与蛇交，生下茂英充，她又与虎结合，所生子女繁衍为虎、蜂、蛇等氏族，茂英充成为各氏族的女始祖。《蛇变人》是关于蛇氏族的传说，它反映

原始生态下的怒文化

贡山丙中洛乡被称作怒江流域的"桃花源"

了怒族从母系氏族过渡到父系氏族的社会生活。

在怒族民间，有关熊氏族的传说有两种：一是每一代都会有一人被熊抓伤的历史，因此叫熊氏族；另一种传说是，原先熊氏族先辈住在怒江下游一带，在一次打猎活动中，追着一头受伤的熊，一直跟到如今的贡山县迪麻洛一带。到这里后发现是一片较理想的土地，这样，陆续从原来居住的地方搬迁到了这一带。他们认为熊给他们带来了好运，带他们到这里来定居的，从而把熊当成这一氏族的图腾来纪念。

蜂氏族的人原先也住在怒江中游一带。

传说在很古的时候，在贡山县丙中洛的石门关上，有一窝巨大的岩蜂巢。人们架天桥、拉篾编的软梯、搭栈道，费尽九牛二虎之力，才把巨大的岩蜂巢取下来。在取岩蜂蜜的过程中，又被一巨大的蟒吞食了不少取蜂人，人们又想办法除掉了大蟒。被毒箭射死的大蟒被江水冲到了贡山县与福贡县交界的腊咱一带搁浅了，大蟒肉引来了无数的食客，其中有一种长得十分巨大的马蜂。当地人头次见到这种躯体长得特别巨大的马蜂，以为是神赐予他们的，就一路跟踪到丙中洛石门关对面的山上，乘蜂王蜂后不在的机会，用九背柴九背松

唐古拉山风光

明烧了这窝马蜂。离开蜂窝前，人们从箭包里取出仅有的几颗麦粒种撒在刚开挖的新土里。一段时间后，当人们再次来到那里时，见到长得高大的麦秆和结得饱满的麦粒，认为是神赐予他们的好土地，便由原先居住的地方搬迁到那里定居下来。由于这些人大都属于一个家族，又因为是岩蜂的缘故来到新

唐古拉山口

的地方，为纪念给他们带来新家园的蜂，从而成为蜂氏族的先民。

　　讲述洪水泛滥、兄妹婚配与人类早期生活的有《腊普和亚妞》《阿铁和伊娃》《勒阐和齿阐》《鸡氏族的传说》《麂子氏族的传说》以及著名的《怒玛亚》《猎人与女猎神》《雪峰洞》《大力士阿烘》等。

原始生态下的怒文化

怒江水在怒族人的脚下呼
啸而过

这些传说集中反映并歌颂了怒族先民同险恶的自然环境和社会邪恶势力抗争的精神，表现了他们大无畏的气概和勇敢坚强的性格。

在怒族原始宗教里，崖神常常同山神、猎神以及雨神、谷神等神祇混为一体而难以区分。如在怒苏人中，崖神"米处于"仅仅是司某种疾病的鬼神之一；但在阿龙人中，崖神"吉米达"是集山神、猎神、谷神、生育神、婚配神和保护神于一身的重要神祇。它主宰着山林的茂盛衰落和野兽的出没，主宰着谷物的生长，也主宰着人间的疾病、婚姻和生育，甚至还主宰着自然界的阴晴雨雾和月缺月圆。几乎较大的溶洞和崖壁都有崖

怒族

唐古拉山山脉

神的传说。传说中的崖神几乎都是人变的，有男有女，以女性居多。这一点在怒族男子出猎之前和出猎归来之后对女猎神顶礼膜拜的祭祀活动和有关女猎神的诸多传说中尤为突出。这些传说中的各种崖神同凡人一样，有配偶家庭，有七情六欲。他们之间有悲欢离合，也有相互仇杀，更有善恶之分。善良的崖神能庇护人畜平安，带来好运；邪恶的崖神或给人降灾致病，或掳人妻女。有关这方面的神话传说，在怒族民间文学中占有重要的地位。正因为如此，人们对善良的崖神虔诚朝拜，供以大量祭品；对作恶的崖神异常惧怕、敬而远

原始生态下的怒文化

传说中的望夫崖

之，或采取顺势巫术，满足其欲求，限制其恶行。而无论是祭拜还是巫术，都充满了原始的生殖崇拜和性器官崇拜的遗迹。

2. 民间故事

怒族民间故事中经常以孤儿为主人公的爱情故事和生活故事描写了诚挚的友谊和纯洁的爱情，表达了人们惩恶扬善的愿望和追求幸福生活的理想。其中流传较广的有"望夫崖""谷玛楚与吴地布""聪明的九妹""异母兄妹""两弟兄"等。

怒族故事有反映人与妖魔斗争的以及人和妖精交朋友的《老妖婆的死》；反映伦理道德观念的《两父子》《两朋友》《两姐妹》《两兄弟》《好人与坏人》等；反映爱情、婚姻的《谷玛楚与吴地布》《龙女故事》《七星姑娘》等。还有不少动物故事，多是寓言、童话，刻画了个性鲜明、栩栩如生的动物形象，如聪明的小兔子、贪婪残暴的老虎、智慧的青蛙、精明的獐子、熊、獐、麂、猴、乌鸦、蜘蛛等形象。大多表达以智除暴、弱能胜强的哲理，给人以有益的启示，并根据动物的不同习性、特征，加以想象，使之人格化。较典型的有《兔子和老虎》《螳螂钓鱼》《乌鸦和咕益》《蚂蚁和蜻蜓》《獐子智斗

老虎》等。

3．民间歌谣

怒族民间歌谣通常可分为三类，即"牙扒可歌亚"（即"火塘边坐唱"）、"亏牙恒歌亚"（即"结婚歌"），还有"祭祀歌"。除这三种外，还有传统的可以唱的诗歌（即作富赛与乍富玛）。

（1）"火塘边坐唱"

火塘边坐唱多为老年男性合唱，是流传在怒族人民中古老的传统歌谣，属叙事歌一类。此种歌大都在婚嫁、办丧事、打官司、年节等场合，在火塘边对坐，饮酒助兴，可唱几天几夜，大都吟唱太初亘古至今祖先在怒江两岸生活为内容，唱生产、生活、家史、村史或祖先迁徙生涯等，内容涉及到一个氏族、家族的历史、生产生活经验等一系列内容，如同一部看不见的教科书，承载着怒族的历史与文化。

吟唱时人们两边对坐，人数可对等，也可不对等，以主客形式对唱。但在打官司、婚嫁、办丧事场合，人数必须对等。要求参加人员必须能领唱和合歌，演唱内容不能主观臆造。这种歌的特点是歌词多为对偶，声调低沉而

在这片山林中流传着关于怒族人的古老的故事

浑厚，旋律基音为徵、宫、商、羽调式。歌时饮酒助兴，情至深处时时而喜笑颜开，时而然泪下。旋律低沉深厚，内容丰富，语言生动，甚至每片树叶、每棵小草、每条泉水、每座山岭都能即兴唱出一调。

（2）婚礼歌

婚礼歌是流传在怒族民间的喜歌。音乐旋律流畅轻快、甘甜优美、喜悦、婉转悠扬，基音为宫、徵、商调式，演唱方法是一人领唱，众人附和，歌唱时，参与者都手拉手地围成圈或围着火塘，或围着篝火边唱边跳。节奏粗犷、刚健、有力、豪放，音乐旋律流畅、喜悦。其旋律的基音为 152 音，为宫、徵、商调式。唱词里没有豪言壮语，也没有漂亮的言词，而是以打趣的格调吟唱。听者有亲切、温柔、原始古朴之感，展示了对男女双方结成美满姻缘并和睦相处，相依为命的美好憧憬。

（3）祭祀歌

祭祀歌是原始宗教祭祀活动和丧葬活动中的祭词，一般由巫师演唱。较有名的有"祭天辞""招魂辞""猎神祭歌""北

怒族村落

原始生态下的怒文化

105

莫中""汝为""夸白"等。

怒族民间的歌谣内容丰富，语言生动活泼而又具有原始古朴的特点，节奏明快，念起来朗朗上口，并特别强调词语的对仗。举例来说要名词对名词，动词对动词，形容词对形容词；词义上要求天对地、太阳对月亮、高山对江河、兄弟对姐妹、石对木、麻团对谷物、吃对穿（或对喝）、七十七对九十九、上对下；句组与句组相对，讲究对偶和重叠。句子多押韵尾句，有时也押头韵，韵脚不严，段落也不严。唱词一一对偶对仗。奇句为唱词，偶句为合词，唱一句合一句。但有时为节省时间，合歌只唱半句，奇偶句同时韵脚。吟唱时，饮酒助兴，无酒则一般不吟唱。一人领唱众人合，多为单声部，加

念青唐古拉山藏语意为"灵应草原神"，由此可见藏民对它的崇敬和希望

怒族

古岩画

衬词，可吟唱三天三夜。

（二）艺术

1. 绘画

怒族人民在长期的生产和生活实践中，创造了绚丽多彩的岩画艺术。1957年，云南省少数民族社会历史调查组在原碧江县一区九村托平村与腊甲底村之间发现怒族古岩画，岩画在一个被称为"依洛夫"的岩洞里，洞穴壁上有七幅图画，画中图形清晰可辨，如太阳、鱼、鸟、牛、马等，以红色颜料作画，笔画简练，线条粗犷，形象生动。此后，在20世纪80年代的文物普查中，又在果科乡腊斯底等地，陆续发现类似岩画多处。多为赤褐色矿粉和动

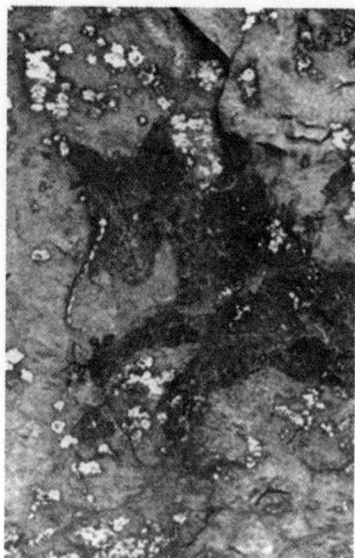
岩画是人类社会历史文化的产物

物血作颜料画成。图案为日月山川、飞禽走兽和各种人物，但成画年代及含义尚无定论。据学者们推测，此画属史前的原始绘画艺术，具有珍贵的历史价值和艺术价值。

岩画是人类社会历史文化的产物，是古代长期活动在这里的人们留下的痕迹。从匹河地区保存的不同历史时期的岩画，我们可以看出匹河地区人类活动的历史十分悠久且不间断。匹河岩画作为人类社会历史文化发展的痕迹，证明了怒江地区人类社会历史的悠久。岩画虽然不完全是同一时期创作的，但是从技巧、风格及内涵中，我们可以发现匹河地区的岩画有一定的承续性，它是这里的人们社会历史文化创造、传承和发展的痕迹，是他们在文化、艺术上的创造，是后人在前人的基础上，不断提高和发展的见证。

2. 舞蹈

怒族的舞蹈具有本民族鲜明的特色。因各地居住环境的不同，形成了不同的风貌，又因其历史、社会、自然、宗教等方面的原因，仍保留着较多的古文化特征。下面我们分地区来介绍一下：

（1）福贡地区

福贡县怒族，长期与明代以来大量进入怒江流域的傈僳族杂居，舞蹈文化与傈僳族和傣族有相仿之处。舞蹈的表现形式及伴奏乐器多与傈僳族相同，动作韵律则明显可见傣族舞蹈重拍屈的印迹。

福贡怒族的舞蹈主要有两大类型，一类称"达比亚舞"，另一类称"嘎"。怒族"达比亚"舞蹈，内容丰富，无所不包。是反映迁移、采集、狩猎、耕作、械斗、爱情、生活以及动物声音和形态的模拟舞蹈。以一种形似琵琶，怒族叫"达比亚"，傈僳族叫"期奔"的弹拨乐器作为舞具和伴奏。除少数几套有歌词外，绝大部分没有歌词，是一种乐舞。

达比亚的弹奏位置多变，所以连带着其舞蹈的上身弹奏姿态非常丰富，有左右高弹、平弹、低弹、背弹、反弹等等不同姿态。脚上动作规整，以膝关节带韧性的屈伸颤动为基础，并具有重拍屈的规律特点。有两种主要风格：一是双膝屈伸带送胯动律的踏、点、刨、磋、勾，其屈伸较为明显；二是屈伸带转身韵律的踏、点、刨、磋、勾，屈伸较小。

达比亚舞的节奏大都为中速，每拍音

怒族传统乐器达比亚

原始生态下的怒文化

怒族房屋建筑

乐膝部屈伸一次，屈伸要求均匀和有韧性，这与怒族的沉稳性格有一定的关系。达比亚舞蹈屈伸颤动这一基本韵律，在民间有详尽的要求，艺人在传授时，对初学的人，首先强调膝关节不要僵直，要有颤动感。而对如何掌握韵律，则强调屈伸颤动时要用"心"，即内在感觉而不仅是外形的颤动。不难看出，他们对达比亚舞中的屈伸颤动这一基本韵律的要求是极为严格的。总之，左右送胯、左右转身、屈伸颤动是形成达比亚舞特有韵律的三个要点，也是形成达比亚舞独特风格的主要因素。

"达比亚"舞蹈动作粗犷、敏捷、豪放、原始古朴，有的细腻、深刻。其旋律刚健有力，节奏鲜明、清脆、感人，富有强烈的节奏感，具有浓郁的民族风格和艺术特点。每一套舞蹈都反映一定的主题内容，有的则表现情绪。怒族达比亚舞内容十分丰富，"达比亚"舞蹈反映迁移的有"走路舞""第一次找土地舞""第二次找土地舞""第三次找土地舞"；反映狩猎活动的有"撵狗舞""追猎舞""射猎舞"；反映民族械斗的有"古战舞""骂架舞""射箭舞"；反映生产、生活和模仿动物声音及形态的有"挖地舞""掰玉米舞""割小麦舞""搓小米舞""栽秧舞""猴子打架舞""斗羊舞""斑鸠啄食漆子舞""乌鸦喝水舞""母鸡下蛋舞""江边阳雀舞""种树舞""放羊舞""割漆舞""洗麻舞""盖房舞""扫地舞""生产舞""找野菜舞""找野麻叶舞""交租舞"等；反映婚姻爱情的有"找情人舞""追赶舞""对看舞""逃婚舞""生育舞""婚礼舞""怀念舞""你看我，我看你""窝得得""接亲舞"；反映母系氏族社会形态的有"传性感舞""掰胯舞"；反映祭祀活动的有"娱猎神舞""招魂舞""祭鬼舞""鬼跳舞""祭祖舞"等；反映日常生活的有"饮酒舞""请客舞""孤

怒族是一个能歌善舞的民族

原始生态下的怒文化

怒族锅庄舞

怒江兰坪风光

儿哭坟舞""穷人受欺舞"等。另外还有"高兴舞""青年朋友舞""进退舞""反弹琵琶舞""双人琵琶舞"等。

"嘎"是怒族的古老舞种之一，在怒语中"嘎"有"跺脚"的意思。舞蹈时整个身体和动作力度往下，伴以膝关节的颤动，构成动作的基本韵律，跳"嘎"时没有像"达比亚"一样有音乐伴奏。其代表性舞蹈有"香巴嘎""宇会嘎""奎翩嘎""腊叉嘎""霞夏嘎"等。

（2）贡山地区

贡山县怒族，居住的区域靠近怒江上游，与西藏自治区接壤，与明末清初由北迁入滇的藏族杂居，受藏族文化影响较深。他们喜欢跳一种称为"库噜羌"的舞蹈。"库噜"为曲调，"羌"即舞蹈。库嘻羌又叫"怒族锅庄"，歌舞的名称和歌词中常出现藏语，歌唱也颇有藏族民歌的格调。

"库噜羌"一般多在年节喜庆、起屋盖房和迎亲嫁娶时跳。舞时，或男女围圈，或男女各为一排，手拉手、臂挽臂或牵手搭肩载歌载舞，对唱对跳，以进退跺步为基本步伐。内容有对家乡的赞美，对友谊的颂扬。

年轻人跳时，更多是相互间的赞誉、爱慕之心的表露，或是逗乐取笑。

（3）兰坪地区

兰坪菟峨乡的怒族，自称"若柔"，意为"小麦人"，与白、彝、普米、傈僳等民族杂居。他们的舞蹈主要有"阿楼西杯""戏几沃""合盘冗"三种。

"阿楼西杯"即"祈祝幸福之歌舞"，是每年正月举行祭树神活动若柔人所跳的舞蹈：若柔人信奉树神，各村寨一般都有一株共同的神树，正月时全村寨的人聚集到树神附近，围圈歌舞，由身披蓑衣、男扛犁头、女扛锄头的一男一女领歌领舞，意为求树神赐福保佑本村寨风调雨顺，粮食丰收。

怒族开春节

原始生态下的怒文化

怒族卡哇雀节

"戏几沃"即"送魂之舞"。若柔人认为人的死亡是肉身的毁灭而灵魂不死,人死后必需给死者的灵魂找归宿,鬼魂观念很重。因此,每当村寨中有人死了,村里的人就会全部出动,举行祭魂活动。具体的步骤是先由祭师"德西"为亡灵唱"引路歌",然后,由死者母系亲属中的舅舅、弟兄或侄儿围棺独舞"戏几沃",意在通过舞蹈指引亡灵回到祖先居住地。

"合盘冗"即"上菜舞",是在宴席上表演的一种礼仪性的舞蹈。若柔人较注重礼仪,每逢婚礼喜庆或操办丧事时,都要宴请宾客,两名男子边上菜边跳,以此增加宴席中的热闹气氛。

怒族的歌舞活动要数"鲜花节"时最为盛大。每年的这一天,仙女洞旁的山坡上鲜花盛开,怒江两岸三山九乡的怒族男女老少便云集山坡,采摘鲜花祭奠仙女。在这里人们要尽情歌舞三天三夜,欢跳优美的达比亚舞,粗犷的嘎,奔放的库噜羌,而每次的歌舞活动都以库噜羌掀起高潮。

怒族民间舞蹈质朴地、广泛地反映了怒族人民的生产、生活、习俗、宗教、思想感情,是对怒族历史的真实记录。特别是"掰

形似琵琶的达比亚

胯舞"等反映没有文字记载的史前时代生活的舞蹈，可以从中探寻人类社会起源、发展的踪迹，故而具有极大的认识和研究价值。怒族人将自己的喜怒哀乐倾注在舞蹈当中，善于用舞蹈表达思想感情，其舞蹈动作粗犷，舞姿雄健，节奏轻快，形象生动，给人以美的享受。

3．器乐

（1）达比亚

怒族乐器中以"达比亚"影响最广。"达比亚"是怒族古老的弹拨乐器，多用于独奏或民间歌舞伴奏，流行于云南省怒江傈僳族自治州的贡山、碧江、福贡、兰

原始生态下的怒文化

坪等地。为怒族弹拨乐器。又称"达边"，当地汉族人称为"怒族琵琶"。"达比亚"虽有琵琶之称，但其形制较唐琵琶要古老，唐琵琶在传入之初已有品位，而达比亚至今无品。怒苏"达比亚"外表粗糙，不美观，但是，它的音色清脆、明亮、富有表现力。音箱木制，上蒙薄木板，板上有出音孔，以琴杆作指板。没有音位，只以蜂蜡作点，作为音位的标记。琴杆上方和琴轴下方有弦柱。用竹签钉在外弦内部位，摩擦发音，其音色独具风格和特点。演奏时用右手拇指和食指弹拨，左手按弦。过去用四根羊肠弦，近代以金属弦替代。

"达比亚"琴身长 50 厘米，宽 40 厘米，厚 4 厘米；琴杆 30 厘米，共鸣箱 30 厘米；琴轴长 7 厘米，琴码长 4.5 厘米，宽 1 厘米，高 1 厘米，厚 0.5 厘米。

关于"达比亚"，在怒族山寨里流传着这样一个传说：很早以前，有一个怒族孤儿，从小失去双亲，他无房无地，独自居住在深山的岩洞里，生活十分凄苦。一天，他找来一块黄桑木树干，掏空后做成了一件达比亚。每天夜晚，孤儿就弹起这件乐器，排解寂寞，抒发情怀。清脆的琴

达比亚

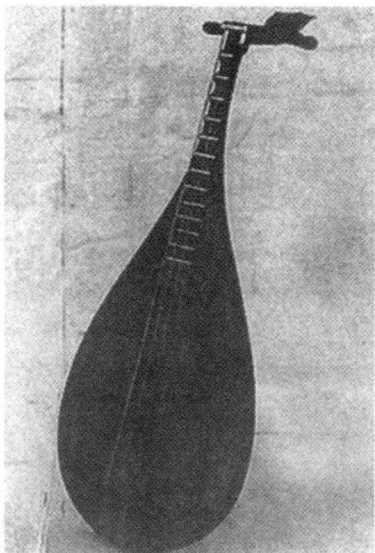

原始生态下的怒文化

117

声感动了山寨里一位勤劳美丽的姑娘，她走出家门与孤儿结为夫妻。从此，达比亚在怒族中流传开来。直至今日，它仍是怒族青年男女夜晚谈情说爱的媒介乐器。

在怒族同胞的日常生活中，无论是生产劳动、上山狩猎，还是外出远游、探亲访友，都要随身携带"达比亚"。在怒族人民的婚嫁喜庆和风俗节日里，达比亚是不可缺少的乐器。达比亚更是怒族青年亲密的伙伴，当小伙子向姑娘求爱时，就通过达比亚的琴声传递爱慕之情，而姑娘则以吹木叶表达爱意。

（2）几味

"几味"是怒族怒苏民间古老传统的弹拨乐器。有一片弦和三片弦两种。一片弦只包含一个音，三片弦包含三个音。三片弦长

口弦

怒族

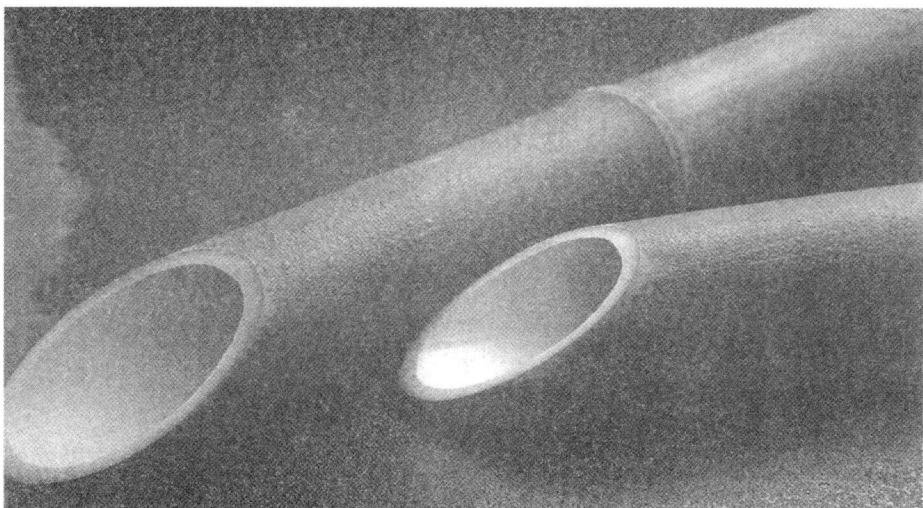

10 厘米，宽 1 厘米；单片弦长 13 厘米，宽 2 厘米。其音色娓娓动听，但音量不大。

怒族妇女将口弦装在精致的小竹管里，随身携带

口弦的制作很精巧，携带方便，是怒苏妇女随身携带的喜爱之物。她们把它装在精制的小竹管里。弦筒上还雕有美丽的花纹及雀鸟图，挂在胸前作装饰。

"麻葛"是单片弦，演奏时拉弦扣往片唇的线头，左手拇指和食指固定住一头，将有簧的部位靠近口边以作共鸣，震簧发音。右手拉口弦绳，音的强弱则由弹弦（或拉）的手指掌握，力度音的高低则由口中的气息控制，结合呼出的气和弹的节奏来组成动听的音乐。一片弦包含一个音，即 7 音；"甘"为三片弦包含三个音，其中有固定音。它们的音程关系是 162 和 512。舞蹈时，

原始生态下的怒文化

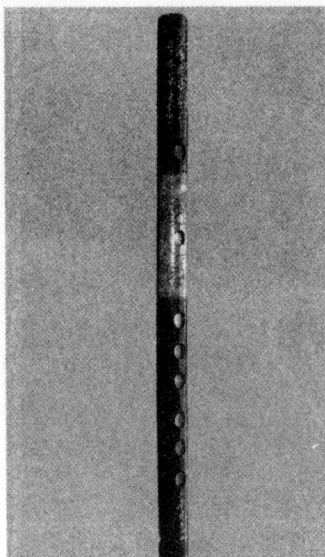
水竹小短笛

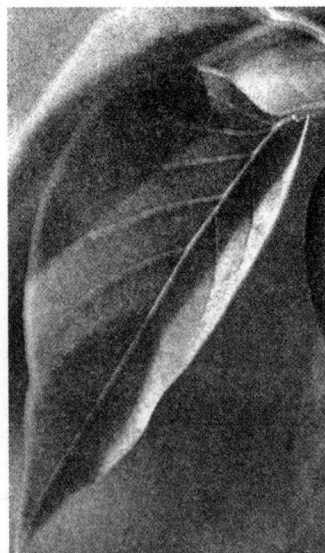
怒族小伙子吹响树叶，
传达着对情人的思念之
情

舞男舞女一面吹弹，一面舞蹈。口弦声音低沉、悠扬，娓娓动听，是怒族男女常用来倾诉衷情，表达思想感情的音乐语言。

（3）独独丽丽亚

"独独丽丽亚"（即短笛），是怒族民间常用的古乐器之一。笛长4寸，有4个音孔，也是一种自娱演奏的乐器。吹孔以蜡代替簧片发音，音色细腻、流畅而优美。

（4）"匹丽丽亚"

"匹丽丽亚"（即直笛）是怒族怒苏妇女自娱性吹奏的一种古老的民间乐器，有六个音孔。吹孔里以蜂蜡替代簧片发音，不作舞蹈伴奏。其音色优美、细腻、流畅。直笛采用高山丛生的箭竹制作。

（5）"扒劳牙"

"扒劳牙"（即树叶）是怒族怒苏民间流传的一种在野外、高山坡上或江河边自娱性吹奏乐。传说是在远古时有一个小伙子，他用树叶吹奏着思念情人的"古老的情歌"，当他吹响树叶时，清风突起，意境悠远。严格来说，这并不是一种乐器，但它最大的好处是取材方便，只要有植物的地方都存在。每当有了想要演奏的心情，找到树叶就可以吹出自己的心声。

怒族